谏学

［北宋］王旦 著

龙翔 评

苏州新闻出版集团

古吴轩出版社

图书在版编目（CIP）数据

谏学 /（北宋）王旦著；龙翔评. -- 苏州 ：古吴
轩出版社，2024. 11. -- ISBN 978-7-5546-2477-7

Ⅰ．H109.2

中国国家版本馆CIP数据核字第20248LS922号

责任编辑：李　倩
策　　划：程向东
版式设计：林　兰
装帧设计：言　成

书　　名：谏学
著　　者：[北宋]王旦
评　　者：龙　翔
出版发行：苏州新闻出版集团
　　　　　古吴轩出版社
　　　　　地址：苏州市八达街118号苏州新闻大厦30F
　　　　　电话：0512-65233679　　　邮编：215123
出 版 人：王乐飞
印　　刷：天宇万达印刷有限公司
开　　本：670mm×950mm　1/16
印　　张：12
字　　数：158千字
版　　次：2024年11月第1版
印　　次：2024年11月第1次印刷
书　　号：ISBN 978-7-5546-2477-7
定　　价：56.00元

如有印装质量问题，请与印刷厂联系。0318-5302229

　　《谏学》即谏言的学问。通俗地讲，就是怎么让他人乐于接受你的建议。古代谏诤制度下，臣子有向君王进谏的权利和义务，但效果如何，全在君王。如果君王开明，愿意听劝，那谏官们就敢说敢谏；但如果君王刚愎自用，那么敢直言的大臣恐怕就如凤毛麟角，少之又少了。即便是很愿意听谏言的唐太宗，也不乏被谏官气到发飙的时候。有一次，唐太宗被魏徵气得大骂要杀了他，最后还是皇后出面，才让唐太宗冷静下来。《邹忌讽齐王纳谏》中说，邹忌以"我与徐公比美"的亲身经历，为齐王分析了除弊纳谏的重要性。齐王领悟后及时采纳邹忌的谏言，齐国也因此愈发强盛。

　　可见，臣子要想让君王接受谏言，除了需要勇气，更多的是需要智慧。《谏学》的作者王旦是北宋杰出的政治家，身居相位十二年，深得真宗皇帝的信赖。他在为官与为人处世方面，均展现出卓越的品质。其名声在当时极为显赫。仁宗皇帝更是赞誉他为"全德元老"。此等成就绝非偶然，透过王旦所著的《谏学》一文，我们可以探寻其成功的秘诀。

　　对于普通人而言，领悟《谏学》中的智慧，或许能开辟出一条通往成功的道路；对于商贾而言，可以依据《谏学》中的策略，广泛建立人脉，拓展商业领域；而对于身处高位的人士而言，更能借助《谏学》中的智慧，确保国家的繁荣与个人的安全。

　　为方便读者阅读、理解，本书对《谏学》原文逐句拆解，每句以"原文—译文—点评—案例"的形式进行剖析，让古老的智慧得以穿越时空，直抵每位读者的内心。另外，案例以古鉴今，深入浅出，使读者一目了然，在轻松阅读的同时，深刻地感受到语言艺术的魅力。

本书既展现了国学智慧，又紧跟时代步伐，是一部满足现代需求的职场交流指南。在竞争激烈的职场，如何有效沟通、巧妙进言、妥善处理上下级关系等难题，常常困扰着年轻人。本书针对这些现实需求，将古代谏言智慧与现代职场挑战相结合，为年轻人提供一套切实可行的解决策略。通过阅读本书，读者将学会在职场中运用谏言的智慧，提升个人魅力与影响力，从而在激烈的竞争中脱颖而出。

同时，这也是一本能够启迪人生、提升个人修养的书。书中蕴含的深刻道理与智慧，贯穿于日常生活的各个方面：如何以开放包容的心态面对他人，如何在复杂多变的人际关系中保持清醒与理智，如何在困境中坚守信念与原则——这些宝贵的品质与修养，将使我们的人生之路更加宽广与坚实。

愿此书能够成为你人生旅途中的一盏明灯，照亮你前行的道路！

目录

I

原文

不明世，言必失。

译文

一个人如果不明世事、不谙时势，言语就一定会有过失。

点评

做人本来就难，要做到说话永不犯错，更是难上加难。

常言道："病从口入，祸从口出。"

说话不当不仅可能伤害别人，还可能给自己带来意想不到的麻烦。

尤其是在信息爆炸的今天，网络舆论沸沸扬扬，人们很难看清事物的本质，这就导致很多时候说话的人并不了解自己谈论的对象，以及自己的言论可能引发的后果，进而因为自己的无知或傲慢而表达不当，招来祸端。

说话是一门艺术，不仅要言之有物，还要懂得人情世故。

同样一件事，说得好可以趋利避害，说得不好可能招惹是非，关键在于如何把握当下的环境和形势。

杨修死于"鸡肋"

看透是否要说透?

杨修是东汉末年杰出的谋士,以超群的才智与敏锐的洞察力为曹操所重用。然而,他却因"鸡肋"二字命丧黄泉,其中的缘由,令世人不禁为之唏嘘……

当时,曹操率领重兵攻打蜀汉,虽兵力雄厚,却无实质性战果。继续进攻还是撤兵?曹操深感犹豫。此时,厨师献上鸡汤一碗,曹操见碗中鸡肋,心生感慨。恰在此时,大将夏侯惇入内请示夜间的口令,曹操脱口而出"鸡肋"二字。夏侯惇未加思索,便将"鸡肋"作为行军口令传达全军。

行军主簿杨修听闻"鸡肋"口令,即刻洞察曹操的意图,理解其欲撤兵而难以明言之意。于是,他迅速命令士兵整理行装,预备撤离。因为鸡肋食之无味,弃之可惜,正如当前战局,进攻无果,撤退又恐损及威望。在此处滞留无益,宜早日班师回朝。此消息迅速在军营中传开,将领们纷纷准备回朝。

曹操发现士兵们忙于整理行装,大惊失色,询问后才得知是杨修所为。曹操勃然大怒,指责杨修散布谣言,扰乱军心,随即下令将其斩首。

审时势、知人心,谨慎发言。

杨修觉得自己很聪明,总能看透曹操的想法,但这其实是在玩火。因为曹操本身就是个多疑的人,杨修作为他的下属,却没意识到这一点,毫无防备!当曹操说"鸡肋"时,杨修其实可以偷偷找曹操问问,了解他的真实意图,然后再决定是否做撤退准备。对于曹操来说,事情是否按照他的意愿进行并不重要,关键是要在他能控制的范围内进行。但杨修却把还没证实的消息公开了,这让曹操很没面子,于是杨修就被曹操杀了。如果杨修在说话之

谏学

前能考虑一下当时的形势，顾及一下曹操的威严，也不会遭此无妄之灾。

一言之微，能决生死。

　　杨修恃才傲物，不谙人情世故，因为说话的方式不对而丢了脑袋。这事儿告诉我们，说话办事可得小心思量。一句无心之言，可能带来严重后果，甚至影响到个人的前途和生命。所以，我们要时刻对人情世故保持敏感，说话办事要谨慎，别因为一句话讲得不合适，惹来不必要的麻烦。

物难尽，辞勿满。

世界万物，广袤无垠，难以用语言详尽描述；说话时的言辞切忌过于绝对，应保留适当的余地。

点评

正如法国政治家基佐所说："人之所以言之凿凿，是因为知道得太少。"

在认识和探索世界的过程中，我们会发现，很多事物的真实情况往往超出了我们的想象。

我们所知道和了解的不过是冰山一角，如果急于发表意见，可能会因为考虑不周而说话过于绝对，而不留退路的决策最后可能让自己陷入困境。

就像气球需要留点空间，防止充气过多而爆裂，我们说话也应该留点余地，避免说话太直接、锋芒太露，引来不必要的麻烦——这是语言的艺术，也是为人处世的智慧。

晏子使楚的言辞智慧

面对刁难如何反击？

春秋时期，齐国的大臣晏子代表齐国出使楚国。楚王想趁机贬低齐国，便让人在城门旁挖了一个小门，让晏子从这个小门进去。但是晏子非常冷静，他坚决地说："这是狗门，不是城门。只有出使'狗国'才走狗门。"楚王听到后，苦笑着命人打开城门，用隆重的仪式欢迎晏子进城。

晏子入城后，楚王设宴款待。席间，楚王故意挖苦晏子，问他："难道齐国没有人了吗？为什么打发你来出使楚国呢？"晏子回答："齐国人才济济，但要根据出使的国家来派遣不同的人。出使贤能的君主所在的国家，就派贤能的人去；出使无能的君主所在的国家，就派无能的人去。我是齐国最不中用的那个，所以就被派来楚国了。"晏子说完微微一笑，楚王只好尴尬赔笑。

避实击虚，迂回论证。

晏子巧借对比迂回论证，其智慧与口才令人深感折服。对比，这种以其所知衬其不知，使人茅塞顿开的修辞手法，正是善言者钟爱的表达技巧，它常常使听众能够清晰、明了地理解讲话者的意图。在出使楚国的过程中，晏子更是将这一手法运用得炉火纯青。他机智灵活，言辞庄重又不失风度，擅长在刚柔并济中精准把握分寸，将智慧巧妙地融入柔和的言辞之中，同时又不失正义之气。面对楚王的刁难与质疑，晏子并未选择直接反驳，而是灵活地运用对比与反问的手法，将问题引导至对方，使楚王在反思中认识到自身的错误，从而达到了化解矛盾、维护国家尊严的目的。

维护国体，赢得尊敬。

晏子凭借过人的智慧和巧妙的言辞，成功化解了楚王设下的一个个圈套，不仅维护了齐国的尊严，还赢得了楚王的敬重，其言辞中的留白与深意让人拍案叫绝。在日常交往中，我们同样可以借鉴晏子的言辞智慧。面对他人的刁难或质疑时，我们应该保持冷静，用巧妙的语言来回应。同时，我们也要注重保持言辞的谦逊并留有余地，避免使用过激或绝对的言辞。要知道，不留退路的攻击很容易露出破绽，将自己置于危险的境地，而恰到好处的言辞方可化解危机、维护尊严并赢得他人的尊重。

舌利非强也。

真正的能言善辩并非只是语言的强势。

点评

俗话说："牙尖嘴利，终非福厚之人。"

尖利的言辞足以刺痛人心，柔和的言辞却如春风般温暖人心。

很多人错误地认为，说话犀利、驳倒对方就是能说会道，其实不是。

真正的语言魅力不单单在于语言的强势，而是说话人如何把智慧和技巧融入语言中。

一句话说得巧妙，能起到四两拨千斤的作用，这往往比十句强硬的话更有助于解决问题。

邹忌讽齐王纳谏

进谏气势不宜太过，该如何说服君王？

战国时，齐国有两个大名鼎鼎的美男子，一个是邹忌，另一个是徐公。邹忌问过他的妻子、妾室和客人，他们都说邹忌比徐公长得好看。但当邹忌亲眼见到徐公时，他觉得自愧不如。经过一番深思，他明白了其中的道理。

邹忌去见齐威王，跟他说："我承认，我不如徐公长得好看。但我的妻子偏爱我，我的妾怕我，我的客人有求于我，所以他们都说我比徐公好看。可是，大王，您想想——国家有这么大的疆土，城池那么多，宫里的妃子和身边的臣子，哪个不偏爱您？哪个不害怕您？全国的百姓，哪个不有求于您？这说明，大王您受的蒙骗要远远超过我啊！"

齐威王听后，觉得有道理，就下令："谁敢当面批评我的错误，受上赏；谁敢上书劝谏我，受中赏；谁在众人面前议论我的过失，并让我听到，受下赏。"这个政策一出，大臣纷纷来提意见，宫门口都跟市场一样热闹了。几个月后，还有人偶尔来提意见，但一年后，就算想提也没什么可说的了。齐国因此革除弊政，日益强盛，燕、赵、韩、魏等国纷纷前来朝贡。

以身作比，巧妙讽谏。

邹忌通过自身与徐公比美的事例，巧妙地向齐王提出了广开言路的建议。他没有直接指责齐王的过失，而是以自己的亲身经历为引子，阐述了所听未必为实的原因，然后，他从这个道理引申到国家的治理上，劝诫齐王要广开言路，虚心接受臣民的建议，要敞开耳朵，听取老百姓的意见。这种巧妙的讽谏方式不仅让齐王接受了他的建议，还维护了齐王的尊严和权威。

齐王纳谏，国家大治。

在邹忌巧妙的讽谏下，齐王意识到广开言路的重要性，并采纳了他的建议。这一举措使得齐国政治清明、国力强盛，成为战国时期的强国之一。这一结果充分体现了：用巧妙的言语和智慧，而不倚仗强势的言辞来说服别人，才是真正的雄辩。

君子不进谗。

正人君子从不进献谗言，中伤他人。

点评

俗话说："明枪易躲，暗箭难防。"

谗言就像暗箭一样令人防不胜防，它不以真相为基础，而是人出于私利，去扭曲事实、挑拨离间，或是有些人源于嫉妒、误解，对他人妄加评论，它能轻易摧毁人与人之间的信任，破坏社会的和谐。

真正的君子深知谗言之害犹如猛虎，他们不仅自己不进谗言，更以身作则，引导他人远离这些负面的言语。

君子的言行，就像清新的风、明亮的月，用正直和光明照亮人心。他们始终盯着大局，坚定地维护社会的公平和正义。

这种崇高的品质不仅赢得了他人的尊重与信任，更为社会的进步与发展注入了源源不断的正能量。

李昉：不惧诽谤，不进谗言

如何面对好友的诋毁？

李昉是北宋时的一名官员，他做事公正无私，却遭到一些小人的嫉妒和诽谤。其中有一个叫卢多逊的人本来和李昉是好朋友，但他总在背地里散布关于李昉的谣言，想要败坏他的名声。不仅如此，卢多逊还多次向宋太宗进谗言，说李昉忠诚是假、藏私是真。当有人把这些话告诉李昉时，他却不太相信，因为他觉得卢多逊不是那种会诋毁朋友的人。

不计旧恶，以德报怨。

面对流言蜚语，李昉不解释，也不回应。他秉持着清者自清、浊者自浊的原则，默默做好自己的本职工作，用实践来彰显自己的清白与忠诚。李昉的表现深得宋太宗赏识，不久李昉便官拜宰相。后来，当太宗提及卢多逊谋反案时，李昉反而多次为卢多逊辩解。太宗就说："卢多逊多次诋毁你，说你一无是处。"事情发展到这种地步，李昉相信了，但依旧保持着宽厚温和的态度，不念旧恶，从来没有非议过卢多逊。

以直胜谗，更值得信任。

宋太宗赵光义是一位英明的君主，当卢多逊的谗言传到他耳中时，太宗并未轻信。而最终，李昉对卢多逊以德报怨，赢得了太宗的信任，太宗因此越发器重李昉。李昉面对谗言的态度和行为，不仅彰显了他的君子之风，也使他成为后世学习的楷模。

原文

小人不进忠。

译文

奸佞小人不会提出忠心的谏言。

点评

孔子说小人难养，并不是没有道理的。

小人指的是那些心胸狭隘、缺乏涵养、对琐事斤斤计较、当面一套背后一套的人。

在与这类人交往时，必须保持高度警觉，以免受其所害。

俗话说："静坐常思己过，闲谈莫论人非。"

能坐下来反思自己的，都是君子；而那些整天热衷于飞短流长的人，多为品行不端的小人。

真正的智者能够洞悉人心，深知"狗嘴里吐不出象牙"的道理，不仅自身远离小人，更提醒周围的人小心警惕。

尽管小人非常善于伪装，有时也会把自己的谗言包装成忠言来蛊惑他人，但其恶毒的本质不会改变，并在悄然间侵蚀着人的意志与判断力，引人泥足深陷……

赵高：指鹿为马，终食恶果

权欲熏心，如何自处？

赵高，作为秦朝末年专权的宦官，其野心昭然若揭，他对秦朝的最终覆灭负有不可推卸的历史责任。在秦始皇驾崩之后，赵高凭借手中的重权，操纵朝政，陷害忠良之士，排挤异己。作为秦二世的心腹，他非但未能向皇帝提供忠诚的谏言，反而为了巩固个人的地位，多次编造谎言，恶意挑拨皇帝与重臣之间的关系，致使秦朝政治局势动荡不安，百姓生活困苦不堪。

逸言惑上的反面教材。

秦二世胡亥登基后，追求奢华的生活。然而，他内心忧虑皇位不稳，便向赵高询问对策，赵高建议实行严刑峻法、连坐诛族，并提拔心腹。胡亥采纳，于是不再上朝，一味寻欢作乐，生杀大权交给赵高。赵高此后便疯狂地荼毒忠良，培植自己的势力。一日，赵高在朝堂之上牵来一头鹿，却故意对秦二世说："陛下，臣献上一匹好马。"秦二世见状，疑惑不解，问左右大臣："此为何物？"很多大臣惧怕赵高，明知是鹿却不敢直言，只有少数忠臣直言不讳。赵高听后，对那些忠臣进行打击报复，而那些顺从其意的，则得到了他的提拔与重用。

赵高通过指鹿为马的行为，测试了朝中大臣对他的态度，也暴露了他的野心与手段。他利用秦二世的昏庸无能，故意混淆是非，将虚假当作真实，以此欺瞒上级，巩固自身权势。同时，他还对敢于说真话的大臣进行打压、迫害，使得整个朝廷笼罩在一片令人恐惧的氛围之中。

终遭报应，遗臭万年。

胡亥死后，赵高仗着自己有嬴姓赵氏的血统，准备宣布登基。秦王子婴早在当公子期间，就已耳闻目睹了赵高的种种罪行。子婴不愿再重蹈胡亥的覆辙，便与贴身宦官韩谈商定了铲除赵高的计划。成功诛杀赵高后，子婴随即召群臣进宫，历数了赵高的罪过，并灭了他三族。赵高在政变中被杀，遗臭万年，这是对小人行径的深刻警示：谗言媚上或许能一时得逞，但终将自食恶果。

心予君子，莫予小人。

真心与善意应交予品德高尚的君子，而非奸诈狡猾的小人。

点评

交心先要识人。

那么，究竟何为君子，何又为小人？

君子，其品性犹如青松般坚忍正直，胸怀宽广，行事坦荡无私；反观小人，其心肠类似蛇蝎，心胸狭窄，内心阴暗。

当我们以真诚与善意对待君子时，如同沐浴春日的暖阳，温暖并滋养心灵，相应地，我们也会得到他们同样真诚的回应和深厚的情谊。

然而，若我们不慎将这份珍贵的情感错付于小人，则可能遭遇无情的利用与背叛，犹如将粪池误认为泳池而贸然跃入，此举实乃自蹈险境，务必思之慎之！

孙膑与庞涓的恩怨情仇

被朋友背叛，情何以堪？

战国时期，孙膑和庞涓本是同窗好友，求学期间建立了深厚的友谊，彼此分享知识，探讨兵法，并发誓要共同成就一番丰功伟业。然而，随着两人步入仕途，庞涓一门心思结交权贵，开始逐渐疏远孙膑。庞涓深知孙膑的抱负，因此，他在魏国取得高位后，特别担心孙膑会威胁到他的地位，于是设计陷害孙膑，导致孙膑遭受膑刑（挖去膝盖骨），失去了自由行走的能力。

亲君子，远小人。

在遭受庞涓的背叛后，孙膑没有沉沦，他离开魏国，逃到齐国。齐威王听闻孙膑的才华，特地派人寻访并亲自接见，同时对其表达了极高的敬意。孙膑刚到齐国时，先做了大将田忌的门客。在一次宫廷赛马中，孙膑通过巧妙的策略帮助田忌赢得了比赛，这一事件使齐威王对孙膑的才智大为赞赏。后来，赵国攻打卫国，卫国向魏国求援，魏国出兵包围赵国都城邯郸。赵国于是急忙向齐国寻求援助。齐威王命田忌与孙膑带兵救援，孙膑凭借"围魏救赵"之计成功解救了赵国。此后，齐威王更加看重孙膑，正式拜他为军师。

展现才能，实现抱负。

在随后的几年中，孙膑多次为齐国出谋划策，使齐国成功对抗强魏，屡次迫使庞涓撤军。这一系列的胜利，进一步巩固了孙膑在齐国的地位。后来，在马陵之战中，孙膑实现了对庞涓的复仇。庞涓在此战中自刎，魏国自此失去霸主地位。庞涓死后，孙膑选择归隐，安享晚年，不再过问政事。

孙膑的生平，为我们提供了一个深刻的教训，即在建立人际关系时，我们必须以严谨的态度审慎地识别对方的内在品格，以免被表面的现象所误导。同时，若不幸遭遇小人背叛，我们应当迅速决断，果断地远离此类人，并积极寻找那些真正具备高尚品德、值得信赖的伙伴，共同迈向成功的道路。

人不可尽信。

人性复杂多变，不可全然信赖，在交往中应对人保持谨慎，避免轻信于人。

点评

如果你曾经细致观察过别人的言行，就会发现人的言行有时并不全然映射其内心。

老话说得好，"知人知面不知心"，无论是血亲挚友，还是擦肩而过的陌生人，每个人的内心都深邃得像海洋。

在海洋中航行，我们要像航海者一样警惕暗礁，与人相处时也大意不得。

盲目且毫无保留的信任，可能会使我们陷入背叛与欺骗的旋涡，从而蒙受伤害。

当然，此处并不是倡导完全摒弃对他人的信任，也不鼓励冷漠和无端的猜疑，此处强调的是，在信任中应保持必要的警觉。

"路遥知马力，日久见人心"，真正的信任总是经得起时间的检验的。

赵迁对郭开的盲目信任

如何避免因用人不察而招致灾难？

战国时期，赵幽缪王赵迁对奸臣郭开极为信任。郭开表面上忠心耿耿，实际上却心怀叵测，多次在背后策划阴谋，损害国家利益。然而，赵迁未能洞察其真面目，反而因郭开的巧言令色而更加信任他，甚至在一些重大决策上完全依赖郭开的意见。郭开的毁国之举主要表现在他对廉颇和李牧两位将领的排挤上。由于郭开的谗言和陷害，廉颇被赵王疏远，最终客死他乡；李牧则因被怀疑谋反而遭捕杀。这一系列事件严重削弱了赵国的军事力量，为赵国的灭亡埋下了伏笔。

谨慎考察，勿被表象所迷。

赵迁对郭开的信任建立在对其言辞的轻信之上，而非对其行为的深入考察上。郭开利用赵王的信任，不断在朝中排挤忠良，巩固自己的地位。这一案例警示我们，在评估一个人的可信程度时，不能仅凭其言辞或表面的忠诚，而应深入考察其行为和动机，避免被奸人的表象所迷惑。

国破家亡，遗恨千古。

由于赵迁对郭开的盲目信任，赵国在内政、外交上连连失误，国力大衰。而当秦国大举进攻赵国时，郭开则主张投降秦国；这一决策直接导致了赵国的覆灭。赵迁因用人不察、被奸人迷惑而付出了惨痛的代价，成为亡国之君。这个故事告诫我们，在人际交往和用人之道上，必须保持高度的警觉性和审慎态度，避免因盲目信任他人而招致灾祸。

点评

关键时刻，每一句话都可能成为自身的破绽。

有智慧的人，在面对敏感问题时，懂得巧妙回避或模糊回答，以免暴露自己的真实意图。

现实生活中同样如此，所谓人心隔肚皮，善恶难料，如果将内心的想法和情感和盘托出，可能会给自己带来不必要的困扰，甚至伤害。

正如勇士持剑，需要剑鞘来藏匿其锋芒，以免误伤自己或他人。

我们在交流时，也应持有一份戒备心，学会保留几分。

但这并非鼓励我们逢人只说三分话，而是提醒我们在表达时要审时度势，权衡利弊。

在适当的时机、合适的对象、恰当的环境下表露自我，这样既能保持真诚，又能确保自身不受伤害。

诸葛亮与刘备的"隆中对"

建立信任一定要毫无保留吗？

东汉末年，群雄逐鹿。刘备为复兴汉室，四处寻访贤才。他听闻诸葛亮有经天纬地之才，便三顾茅庐，终于在隆中草堂得以相见。初次会面，刘备坦诚地向诸葛亮询问平定天下的良策。诸葛亮深知自己将要呈上的"隆中对"将是他政治生涯中的一大赌注，同时也意识到言多必失，尤其是两人刚刚接触，而刘备在此之前已经多次失败，因此他更应有所保留，在试探对方的同时，也避免自己投资失误。

由浅入深，循序渐进。

在阐述战略构想时，诸葛亮采取有条不紊、层层递进的策略。他首先从宏观层面剖析了当前各方势力的态势，进而逐步引导刘备认识到当前局势中潜在的机遇。当论及具体的行动计划时，诸葛亮更为审慎，他强调了联盟战略的重要性，建议刘备首先与孙权建立稳固的联盟关系，以共同应对曹操的威胁。同时，他也提出注重内政建设、积累实力的策略，以期在时机成熟之际，一举定鼎中原。

建立信任，共创辉煌。

在整个对话过程中，诸葛亮并没有和盘托出自己的想法。这种保留让刘备感到对方深不可测，更想深入了解下去，因为刘备知道，诸葛亮还有更多的智慧，等待在未来的日子里逐步展现。诸葛亮的言辞智慧不仅体现在他的战略眼光上，更体现在他的分寸感和策略性上。通过"隆中对"，诸葛亮以其卓越的才智和适度的保留，赢得了刘备的全力支持。两人携手共进，最终开创了蜀汉的基业。

功非言成，成乃实也。

真正的成就并非来自空谈，而是基于踏实的行动和不懈的努力。

点评

成功是汗水与泪水的结晶，是无数次跌倒又爬起的坚忍不拔，是在孤独与困难中仍不放弃的执着。

在追求目标与梦想的路上，我们常常听到各种豪言壮语，然而，真正的成就与功绩，绝非口若悬河所能实现。

言辞虽能鼓舞人心、激发斗志，但若无实际行动作为支撑，终究只是空中楼阁，难以长久。

如同播种需要耕耘，收获依赖汗水，高楼大厦的建成非一日之功，是需要一砖一瓦地积累，才能最终矗立于云端的。

成功的果实只属于那些脚踏实地、勤奋不辍的人。

司马迁著《史记》

为了未完成的事业，是否值得忍辱偷生？

西汉史学家司马迁因替投降匈奴的李陵辩护，激怒了汉武帝，被判处死刑。不过汉律中还有一条"死罪欲腐者许之"的补充条款，就是说，如果不想死的话，可以用腐刑（宫刑）代替。对一个男人来说，宫刑是莫大的耻辱。可司马迁选择了生存，接受宫刑，艰难地活了下来。

因为此时此刻，司马迁肩负的使命尚未完成，如果被砍了头，那已完成一半的《史记》将何以为继？这部作品不仅是他个人的心血，更是他与他父亲乃至整个太史家族多年来坚守的理想与追求。

想想当年，父亲临终之际紧握着司马迁的手，将书稿托付给他，那一刻，司马迁深知自己肩负的责任与使命。他明白，个体的生命可以终结，但历史的记载和家族的荣耀必须得以延续。在历史的浩渺长河中，以及人类文明的传承中，个人的屈辱显得微不足道。因此，司马迁选择忍受巨大的痛苦与屈辱，以坚忍不拔的意志继续前行，致力于以非凡的岁月来锤炼以人为本的史传。自那时起，那个曾经的耿直少年司马迁死了，成熟且深邃的太史公降生了。

以行动诠释理想。

面对突如其来的灾难，司马迁并未选择放弃，而是化悲痛为力量，更加坚定了完成《史记》的决心。他忍辱负重，克服重重困难，历经多年艰辛，终于完成了那部被誉为"史家之绝唱，无韵之离骚"的鸿篇巨制。司马迁的故事告诉我们，面对困难和挑战时，与其沉溺于言语的辩解或抱怨之中，不如将更多的精力投入到实际行动中去。他用自己的坚忍和努力，为我们树立了如何在逆境中坚持理想的典范。成功从不是偶然的，它是无数次跌倒后又站起的积累，是无数个日日夜夜辛勤耕耘的结果。

铸就辉煌，载入青史。

司马迁的《史记》不仅是对历史的忠实记录，更是他个人坚忍不拔精神的真实写照。这部著作不仅为后世提供了宝贵的历史资料，更激励着无数人在追求梦想的路上勇往直前、不懈奋斗。在日常工作和生活中，我们也应该像司马迁一样，少说空话，多做实事，用实际行动去诠释自己的理想和追求，最终成就一番属于自己的辉煌事业。

人非言亲，亲乃行也。

人与人之间的亲近，仅凭言语无法实现，应当通过实际行动来体现。

点评

亲密关系就像舞蹈，一方变动舞步，另一方必将随着改变。

触动人心弦的，往往并非华丽的言辞，而是实实在在的行动；能持之以恒的，也并非虚伪的逢迎，而是那份源自内心的真诚付出。

与人交往，我们恪守一种默契：你给予我距离，我便以分寸回应；你珍视这份情谊，我则以加倍的真情来回报。

这，便是人与人之间最为基本的尊重与理解。

正如春风化雨，润物无声，真正的亲密是在日复一日的点滴行动中逐渐累积起来的。

行动，是连接心灵的桥梁，它让情感得以传递，让关系得以深化。

孔融让梨的实际行动

亲情的厚薄体现在哪里？

东汉末年，孔融作为孔子的二十世孙，他自幼聪明好学，深受家人和邻里的喜爱。在孔融四岁那年，有一天，家里买了一些梨子，大小不一。孔融的父亲把这些梨放在桌子上，让家中的孩子们自己挑选，以此来测试他们内心的想法。

越是小事，越见真心。

在众多的兄弟姐妹中，孔融是年纪最小的。他并没有急于挑选最大的梨子，而是先拿了一个最小的。父亲看到这一幕，感到非常惊讶，便问他："你为什么拿最小的呢？"孔融回答："我年纪小，应该吃小的，大的应该留给哥哥姐姐们。"孔融的回答让在场的人都深受感动。

家风传承，美德弘扬。

孔融让梨的故事传开，成为一则美谈。它不仅体现了孔融对家人的浓浓亲情，更展现了他谦让的品质，因此赢得后世的赞誉，成为教育的典范，被一代又一代的人传承和发扬，谦让亦成为中华民族传统美德的重要组成部分。

原文

人伪则矜。

译文

虚伪的人一般善于夸耀。

点评

对于虚伪之人而言，他们的虚假言行并非仅仅为了满足自己的虚荣心，更是为了达到某种不可告人的目的。

他们巧妙地编织谎言，夸大自己的能力、成就和品德，以此迷惑他人，为自己谋取私利。

在他们的谎言背后往往隐藏着深不可测的阴谋。

这种行为不仅是对他人的欺骗，更是对自己道德底线的践踏。

因此，我们应学会透过现象看本质，以理性的眼光去审视他人的言行举止，只有这样，我们才能避免被虚伪之人所利用，更好地保护自己与他人的利益。

朱温的篡唐之路

如何识别和防范虚伪的"忠臣"？

唐末，黄巢起义席卷全国。朱温曾是黄巢部将，后降唐并得到重用，被赐名朱全忠。此时，唐王朝已风雨飘摇，唐昭宗虽有心重振皇权，却屡遭宦官阻挠。朱温表面对朝廷言必称忠，实则暗中积聚力量，图谋不轨。后来宦官幽禁唐昭宗，他出兵平定宦官之乱，救出唐昭宗。他在一次宫廷宴会上亲自为昭宗系鞋带，以此向天下人夸耀自己的忠心。然而，这不过是朱温的权谋手段罢了。掌权后，一向以"忠诚"自居的朱温开始大肆清除异己，将朝廷内外布满亲信。待时机成熟，朱温于天祐元年（904）谋弑唐昭宗，改立唐哀帝。天祐四年（907），朱温又废黜唐哀帝，自立为帝，建立梁朝，唐朝至此终结。

理性审视他人言行举止。

面对像朱温这样的虚伪之人，我们应当学会带眼识人，以免被其表面的忠诚所迷惑。在日常生活中，我们应注意观察他人的言行，尤其是他们在关键时刻的反应和态度，学会从细微之处捕捉信息，例如语气、表情、身体语言等，这些都能透露出一个人的真实情感和意图。

朱温篡唐，教训深刻。

曾经辉煌的大唐王朝在朱温这个奸邪小人的手下覆灭，虽然在当时的历史背景下，唐朝灭亡已成定局，但朱温篡唐对后人来说仍然是一个不得不铭记的教训。我们在与人交往时，要保持一定的警觉性，从举手投足间洞察人性的本质，谨慎选择交往的对象。同时，我们要保持一定的边界感，不轻信他人的夸耀之言，这样，我们才能更好地应对复杂多变的社会环境。

人贱则讳。

地位卑微的人常常会有所避忌。

点评

地位卑微的人必须认清自己的位置，特别是在古代，面对权贵时，他们的言行更需谨慎，因为缺乏依靠，避忌是他们自我保护的最有效的方式。

在强者如林的世界中，唯有通过不懈努力，提升自己的知识水平与技能，才能逐步改变自己的命运。

同时，我们也需要时刻提醒自己保持谦逊与谨慎，不因一时的成功而骄傲自满，更不能因挫折而灰心丧气。

只有自强不息，才能在人生的道路上越走越远。

勾践卧薪尝胆

如何从失败中崛起?

春秋时期，越王勾践在与吴国的战争中惨败，被迫向吴王夫差称臣，给吴王夫差当了三年的奴仆，受尽屈辱。勾践被放回越国后，面对国破家亡的惨状，他没有选择逃避或沉沦，而是深刻反省自己的过失，立志复仇。

忍辱负重，逆风翻盘。

勾践在宫中挂起苦胆，每天舔一口，以提醒自己勿忘国仇家恨。他亲自耕作，与百姓同甘共苦，同时秘密训练军队，积蓄力量。对于自己的过失，他毫不避讳，勇于承认并努力改正，逐渐赢得了百姓的拥护和支持。

复仇雪耻，成就霸业。

经过多年的准备，勾践终于找到机会，一举击败吴国，实现了复仇雪耻的宏愿。他凭借自己的坚忍不拔和勇于面对不足的精神，不仅挽救了越国，还成就了霸业。

勾践的故事启示我们：失败并不可怕，关键在于勇敢面对耻辱并吸取教训，然后重新开始。勾践之所以能从失败中崛起，是因为他没有被挫折击倒，而是选择忍辱负重，最终逆风翻盘。我们要有像勾践这样的决心，才能够实现自我超越，成就一番事业。

人困则乱。

人在困境中容易失去理智，做出错误的判断和决策。

点评

人在困境中，就好似航行于狂风巨浪中的小船，一旦船员疲惫不堪，便难以保持航向的正确，甚至小船可能翻覆。

人困则乱，揭示了在压力与困境面前，人性的脆弱与理性的丧失。

困境不仅是外在环境的艰难，更是对内心世界的考验。

它考验着我们的定力、智慧与应对能力。

在困境中保持清醒与冷静，是避免错误决策、走出困境的关键。

这种能力并非与生俱来的，而是需要通过不断学习、实践和自我修炼来培养的。

项羽乌江自刎的悲剧

垓下被围，路在何方？

楚汉争霸时期，项羽兵败垓下，被刘邦大军围困。此时，项羽身边兵力寥寥，粮草断绝，士气低落。面对如此困境，项羽非但没有冷静下来分析形势，寻找突围之机，反而被连续战败的阴影笼罩，陷入了深深的绝望之中。他夜不能寐，最终，在乌江边拒绝了乌江亭长的救援，连声哀叹："天之亡我，我何渡为！"接着选择自刎而死，一代英豪就此陨落。

冷静分析，寻找转机。

项羽如果能在困境中保持冷静，分析敌我形势，或许能发现突围或和谈的机会；他也可以暂时撤退，保存实力，以待东山再起。然而，由于内心的困顿与绝望，他失去了理智，做出了错误的决策，导致了自己的悲剧。

英雄末路，遗憾千古。

项羽乌江自刎，不仅是他个人的悲剧，也是历史的遗憾。即便像项羽这样的大英雄，在困境中都会因为混乱而绝望，失去理智，何况我们普通人？这警示我们：面对困境，应当时刻提醒自己，切不可因一时的困境而失去理智。相反，我们应当保持冷静与清醒，分析形势，寻找解决问题的办法。只有这样，我们才能在困境中保持希望，最终走出困境。

媚上者欺。

一味逢迎上级的人，往往以欺瞒为手段，以求得私利。

点评

诚如明镜照奸邪，媚态背后藏虚伪。

权力之下，贪欲横生，媚上者不惜放弃原则与尊严，以甜言蜜语和虚假的表现换取上司的青睐与信任。

然而，纸终究是包不住火的，这种行为非但不能长久，反而在真相大白时，媚上者往往是自取其辱，甚至身败名裂。

真正的智慧与品德，在于坦诚相见，以实力和才华赢得尊重和认可。

谄媚、欺骗虽能得逞一时，却最终难逃道德的谴责与历史的审判。

严嵩的权臣之路

严嵩是怎样执掌大权的？

明朝嘉靖年间，朝政腐败。严嵩，一个出身贫寒的翰林院编修，逐步在官场中崭露头角。嘉靖帝痴迷道教，追求长生不老之术，对政务漠不关心。礼部尚书夏言深受嘉靖帝宠信，且因同乡之谊与严嵩有所关联。严嵩因此极力逢迎夏言，逐渐得到升迁，官至礼部尚书——此时夏言是内阁首辅。等到严嵩羽翼丰满后，就开始攻击夏言。夏言失势后，严嵩取而代之，成为内阁首辅，权倾朝野。嘉靖二十四年（1545），夏言虽短暂复位，但严嵩利用嘉靖对夏言的猜忌，再次陷害夏言，使其被斩首。夏言的亲信也遭到贬罚。严嵩重掌大权，对政敌进行残酷打击，包括沈炼和杨继盛等人。

实心用事，不可媚上欺下。

严嵩深知嘉靖皇帝对道教的痴迷，便投其所好，大量进献奇珍异宝、道士方术，以博取嘉靖帝的欢心。他利用手中的权力，排除异己，打压政敌，逐渐在朝廷中形成了自己的势力。沈炼因为上疏揭露严嵩罪行而遭陷害，最终被杀害。杨继盛上疏痛陈严嵩的罪行，并触及嘉靖帝的敏感之处，最终也遭到严嵩的残酷报复。

严嵩独揽朝政，政治生态严重恶化，大臣们对他敢怒而不敢言。尽管严嵩在朝中权势滔天，但他深知嘉靖疑心重，不会对他完全信任，因此他对所有弹劾他的官僚都施以残酷的打击，以保持其权位。在嘉靖皇帝的纵容下，严嵩的权势达到了顶峰，他独揽朝政，为所欲为。为了巩固地位，他大肆贪污受贿，侵吞军饷，导致国家财政困难，边防空虚。

罢官抄家，结局凄惨。

嘉靖四十年（1561），吏部尚书之职空缺，严嵩举荐其亲属欧阳必进充任。然而，嘉靖皇帝对此人深感厌恶，见到名单后大怒，将名单掷于地。严嵩随后递交密奏，言明欧阳必进为其至亲，望其能执掌国柄，以慰晚年。嘉靖皇帝虽感为难，但终究因顾及情面而应允了严嵩的请求。此密奏内容泄露后，众多官僚皆感震惊，甚至有人指责严嵩"与人主争强"。数月后，嘉靖皇帝命欧阳必进致仕，此举实为对严嵩的严厉警示。后来随着严氏父子及其党羽越来越骄横跋扈，嘉靖皇帝的不满情绪也越来越重。

嘉靖四十四年（1565），严嵩之子严世蕃以通倭的罪名被弹劾，最终被判处极刑，严嵩则家产被没收，官职被削，被迫遣返回乡，最终陷入无家可归的境地。两年后，严嵩在贫困与病痛的双重打击下，抑郁离世。他逝世时，寄居于墓舍之中，既无棺木以安葬，亦无亲朋来吊唁。

严嵩的故事告诉我们：媚上欺下或许能得逞一时，但终将自食其果。在权力和利益面前，我们应该坚守原则与底线，以真诚和正直赢得尊重与信任。同时，我们要警惕那些谄媚逢迎、欺上瞒下的小人，以免被他们所蒙蔽和利用。

弃友者奸。

背弃朋友，就是走向了奸邪之路。

点评

人生如织锦，朋友则是其中最亮丽的丝线，交织出温馨与欢乐。

真正的友谊，经得起时间的考验，无论风云变幻，始终相互守望。

而弃友之举，则是对这份情谊的践踏，是对人性光辉的玷污。

它让人心寒，更让人警醒。

在人生的旅途中，我们渴望遇到那些能与我们并肩前行的朋友，共同经历风雨，分享阳光。

然而，世事难料，人心易变。

面对那些因利益、权势或其他诱惑而背弃友情的奸诈之徒，我们应当学会辨识与远离，以免受到伤害。

刘邦与卢绾：从兄弟到仇敌的悲歌

权力之巅，友情如何存续？

刘邦与卢绾自幼一同长大，共享过无数欢笑与泪水。在丰县的田野间，他们曾立下誓言，无论将来命运如何，都要相互扶持，共赴前程。这份纯真的友情，成为两人日后共同奋斗的精神支柱。随着秦末的烽火连天，刘邦揭竿而起，卢绾毫不犹豫地跟随其后，成为他最忠实的战友。在推翻秦朝、与项羽争夺天下的过程中，卢绾屡建奇功，为刘邦的霸业立下了汗马功劳。他们的友情在战火中愈发坚固，仿佛无坚不摧。萧何、曹参等人尽管也深受刘邦的礼遇，但在亲密程度和受宠信程度上，均无法与卢绾相提并论。

信任与猜疑的博弈。

刘邦登基为帝后，卢绾获得了极高的信任，获封燕王，并得以自由出入刘邦的寝宫，还与刘邦之弟刘交一同被赋予传递机密旨意的重任。然而，随着刘邦年岁渐长，朝政渐渐由吕后把控。但吕后急欲诛灭异姓王臣，因而从中作梗，先后清剿韩信、彭越。此时异姓王只剩卢绾与吴芮，卢绾内心惶恐，无奈之下起了异心，而此时刘邦还对卢绾的忠诚十分信任。

汉高祖十一年（前196）秋，陈豨在代地发动叛乱，并暗中与匈奴勾结，卢绾也涉入其中。这一消息如同晴天霹雳，令刘邦痛心入骨。刘邦随即召见卢绾，而卢绾担心入朝后会像韩信一样被吕后诛杀，因此称病不见。此时误会的种子已然生根发芽，两人的友情也渐渐出现了裂痕。

无奈背叛，反目成仇。

后来，刘邦从匈奴降将那里取得卢绾与匈奴勾结的证据，断言"卢绾果然造反了"，但经过深思熟虑，还是决定念及旧情，予以特赦。然而，没过多久，刘邦便因病去世，朝政大权正式移交吕后，卢绾在绝望与恐惧中叛逃匈奴，一年多后客死异乡。这段曾经令人赞叹的兄弟情谊，最终在权力的考验下化为泡影，成为一段令人唏嘘的悲歌。

刘邦与卢绾的故事犹如一面镜子，映照出人性的复杂与多变。或许，我们无法完全避免权力与友情之间的冲突与矛盾，但我们可以在权力的诱惑面前坚守道德底线，在友情的考验中保持真诚与坦荡，珍惜那些愿意与我们并肩作战的伙伴，不要让权力与利益蒙蔽了我们的双眼。

绝亲者祸。

断绝亲情，必将招致灾祸。

点评

亲情，如同生命之树深深扎根的土壤，滋养着我们的心灵。

它不仅是血缘的联结，更是情感与责任的纽带。

亲情的力量，在于它的无私与包容。

它不求回报，只愿默默付出；它无视成败，只愿与我们共担风雨。

然而，当贪婪、偏见或是私欲蒙蔽了双眼，有些人便会选择放弃这份珍贵的情感，将亲人推向对立面，甚至双方反目成仇。

这样的行为，不仅伤害了亲人，更将自己推向孤独的深渊，同时也种下了灾祸的种子，结出的一定是痛苦与悔恨的恶果。

我们应当珍惜亲情，无论是养育之恩，还是手足之情，都值得我们用一生去呵护与珍惜。

曹丕与曹植：手足相残的悲剧

权力与亲情，孰轻孰重？

曹丕与曹植，同为曹操之子，自幼就都展现出非凡的才华。他们本应携手共进，为家族的繁荣贡献力量。然而，权力的争夺，让两个人之间产生了无法逾越的鸿沟。由于曹丕和曹植都有过人之处，曹操在立嗣上犹豫，导致下属形成两派：曹丕派和曹植派。双方结党营私，互相倾轧。曹植派中的杨修，出身名门，智谋过人，作为曹操的主簿，对曹植有利，曾助其一度领先。然而，曹丕运用各种计谋，在司马懿等大臣的帮助下，战胜了曹植，被立为魏王世子。曹植虽才华横溢但性格直率，不注意节制自己，逐渐失去了曹操的宠信，甚至多次遭遇生命危机。

本是同根生，相煎何太急？

曹操死后，曹丕登基，他对曹植的猜忌与打压日益加剧。他先是剥夺了曹植的兵权与封地，后又多次找机会陷害他。曹植的生活发生了巨大变化，之后的十几年里，多次被迫迁徙封地，初封平原侯，后徙临淄侯。后来，他又被贬为安乡侯，又徙封陈王，最终因为无法施展自己的才能，郁郁而终于壮年。他创作了广为人知的《七步诗》，诗中写道："本是同根生，相煎何太急？"这句诗恰如其分地表达了手足争斗所带来的痛苦与愤慨。

司马家族崛起，曹魏灭亡。

曹丕与曹植不和，直接导致曹氏家族内部的分裂，埋下了曹魏灭亡的祸根。

曹操在世时，虽对诸子有所偏爱，但总体上尚能维持家族的和睦与团结。然而，随着曹操的去世，曹丕继位为魏王并最终称帝，他与曹植之间的矛盾迅速升级，他们的斗争不仅消耗了曹魏的国力，影响朝廷的正常运转，也削弱了曹氏家族的凝聚力，为外部势力提供了可乘之机。在这一时期，司马家族逐步崛起，并掌握了曹魏的实权，至司马炎时最终取代了曹魏，建立了晋朝。

这段历史告诉我们：权力虽然重要，但又怎么比得上手足之情？在追求权力的过程中，我们不能忘记自己的根与源，不能忘记那些与我们血脉相连的家人。不论在外的权力有多大，也不能摒弃在内的亲情；只有家族团结稳定，才能共同抵御外来的威胁与挑战。

人善勿患谗也。

为人善良，不应担忧他人的嫉妒与谗言。

点评

善行如灯，温暖自己，也照亮他人。

然而，世间总不乏心生嫉妒、口出谗言之徒，他们以小人之心度君子之腹，试图以谗言中伤善者。

面对谗言，我们应该保持冷静与自信，如明珠不惧尘沙、真金不怕火炼。真正的善心，应当经得起时间的考验，不应因他人的嫉妒而有所动摇。

善良是一种选择，也是一种力量。它让我们向困境中的人伸出援手，在冷漠中传递温暖。

我们始终要相信，善心如同清泉，即便有泥沙混杂，终能洗净尘埃，显其本色。

而那些出于嫉妒与私欲的谗言，终将如同被秋风扫走的落叶，一去不复返。

范仲淹与滕子京：先天下之忧而忧

善行如何超越谗言？

范仲淹与滕子京同为北宋名臣，两人因共同的政治理想与高尚的品德而结下深厚的友谊。范仲淹被派驻西北抵御西夏，滕子京随行。定川寨之战，滕子京招募民兵，坚守城池，等待范仲淹的援军，最终共同击退敌军。然而，滕子京因抚恤战士家属和举办盛宴引发争议，成为旧党攻击的对象。随着庆历新政推行，滕子京成为旧党攻击的焦点，被指贪污公款、奢侈浪费。范仲淹求情无果，滕子京为保护同僚烧毁账目，这一举动虽然避免了更多的牵连，却也让他无法自证清白。最终，滕子京被贬至巴陵郡，远离了政治中心。

坚持善行，默默奉献。

在巴陵郡的日子里，滕子京并未沉沦。他在任期间大兴水利、修筑道路、发展教育，为当地百姓带来了实实在在的福祉。范仲淹在《岳阳楼记》中对滕子京的政绩给予了高度评价。然而，在司马光等旧党眼中，滕子京仍然是贪污受贿之人。他们的偏见和诽谤使得滕子京在仕途上始终无法翻身。尽管如此，滕子京依然坚守信念，默默奉献着。

人性光辉，流芳百世。

在政治斗争中，范仲淹与滕子京虽然遭遇了不公平的待遇和无端的指责，但他们始终坚守信念。谗言并没有击垮范仲淹与滕子京，他们继续以实际行动践行自己的政治理念和远大抱负。随着时间的推移，范仲淹与滕子京的善行逐渐被世人所熟知并传颂；而那些曾经散布谗言的小人则逐渐失去了立足之地，被淹没在历史的长河里。

　　　　　　　　　　　　　　　　　　　　　　　　　谏学

人非善变，乃不识也。

人们并非本性易变，而是不了解彼此所致。

点评

不真正了解他人的人，可能会对一个人的变化感到惊讶，这是我们自身的认知局限所导致的误判。

我们常常倾向于从自己的视角去揣度他人，却忽视了每个人都是独特的个体，他们的思想、情感和经历与我们有着本质的不同。

当我们仅凭表面现象去评判一个人，或仅依靠过往经验预测他们的行为时，很容易陷入误解和偏见。

而要真正认识一个人，需要用心观察、倾听、感受他们的内心世界，了解他们的成长轨迹和心路历程。

只有这样，我们才能从本质上认识身边的形形色色的人，避免因无知和大意而交错了朋友。

因此，我们要通过学习不断提升自己的认知能力，以便更好地理解和接纳他人。

管宁与华歆：从同道到殊途

同窗好友为何分道扬镳？

管宁与华歆皆是东汉末年的学者，早年为同窗挚友。两人曾在田间锄草，发现地上有一片金子，管宁视若无睹，华歆则拾起金子看了看才将其扔掉。又有一次，他们同席读书，外面驶过一辆华丽的马车，管宁依旧专心读书，华歆却起身观看。管宁见状，便割裂席子，与华歆断交。

知人知心，择友而交。

管宁与华歆的决裂决不是偶然，而是两人心性的差异导致的必然结果。俗话说："在家靠父母，出门靠朋友。"我们都希望广交朋友，以建立自己的社交关系网，但同时却忽略了错误的朋友可能会带来更多的麻烦。与其日后决裂时感叹人心易变，不如在建交之前先了解对方的品行。

知己成陌路，至交终殊途。

管宁与华歆长大后，果然选择了不同的立场。管宁归隐田园，终身不仕，在乱世中洁身自好；而华歆效忠于曹魏，并成为曹丕废汉献帝而自立的推手。这个故事告诉我们：真正认识一个人，是认识一个人的品性，了解其思想与价值观念。只有从本质上互相认同的两人，才能成为值得一辈子结交的好友。

谏学

人非好恶，乃欲多也。

人们并非生来就偏好作恶，而是欲望的无限膨胀使人走上了错误的道路。

点评

人性本无恶，每个人在初生的那一刻，都如同一张白纸，纯洁无瑕。

然而，在成长的过程中，社会的复杂、生活的压力以及各种诱惑让人们的内心逐渐被欲望填满。

这些欲望，或是对名利的渴望，或是对物质的追求，或是对权力的向往，它们如藤蔓般缠绕在人的心头，让人难以自拔。

当欲望得不到满足时，人们往往会被其驱使，做出一些违背良心，甚至伤害他人的事情。

我们应当学会控制欲望，保持内心的清明与善良。

要知道，真正的幸福并不在于拥有多少物质财富或多高的社会地位，而在于内心的充实与满足。

当我们放下那些膨胀的欲望，专注于修养心灵时，就会发现，原来生活可以如此简单而美好。

和珅的堕落之路

和珅是怎样沦为贪官的?

和珅,清朝乾隆时期重臣,出身于福建官僚家庭,早年历经双亲早逝之痛,科举不第后投身军旅,由士兵逐步升任宫中要职。他机智圆滑,财政管理能力超群,且容貌俊朗,精通多种语言,国学造诣深厚,迅速获得乾隆皇帝赏识,历任管库大臣、军机大臣,晋升速度空前之快。初入仕途时,他尚能保持清廉,但随着官职升迁,对权势和金钱的欲望日渐膨胀。云南官员揭发李侍尧贪污案,和珅受命调查。李侍尧定罪后,和珅在查封家产时私吞大部分财物,首次尝到了权力的甜头。此后,和珅结党营私,利用职务之便大肆贪污受贿。

贪污腐败的反面教材。

乾隆帝去世后,和珅失去靠山,嘉庆帝即位后对其展开清算。经查,和珅家产竟相当于清政府十几年财政收入,贪污腐败之严重令人咋舌。若和珅能坚守为官之道,或许人生会截然不同。然而,历史无情,和珅的贪婪与放纵,不仅断送了自己的前程,也给清朝的财政和民生带来了深重的灾难。

身败名裂,遗臭万年。

最终,和珅被赐自尽,身败名裂,成为贪官的代名词,更为后世留下了深刻警示:欲壑难填,权力与金钱并非衡量人生价值的唯一标准,我们每一个人,无论身处何位,都应当时刻牢记自己的职责和使命,坚守道德底线,不为私利所驱。只有这样,才能赢得世人的信任和尊重,也才能在历史中留下真正有价值的印记。

谏学

怨不及慎矣。

抱怨、怨恨他人不如谨慎地利用他人的长处。

点评

社会是个大舞台，每个人都是独一无二的演员，各有所长，亦各有其短。

面对他人的不足与失误，我们往往容易陷入抱怨的旋涡，却忽略了更为重要的一点，即如何智慧地运用每个人的长处，以实现共同的目标。

与其耗费精力在无休止的抱怨中，不如以更加审慎的态度去发现和利用他人的优点，从而优化团队效能，促进共同进步。

魏徵：从"污点臣子"到最猛谏官

是否采纳"污点臣子"的直言进谏？

唐太宗李世民，一代明君，在其治下，大唐帝国繁荣昌盛，这离不开他身边一群敢于直谏的臣子，其中尤以魏徵最为著名。魏徵过去是太子李建成的谋士，曾经建议李建成早点除掉李世民。玄武门事变后，李建成被杀，李世民登基称帝。魏徵多次直言不讳地指出李世民的过失，甚至有时言辞激烈，让李世民颇为不悦。然而，唐太宗并未因此而怨恨魏徵，反而以更加谨慎的态度听取其谏言，并认真反思自己的不足。如《谏太宗十思疏》中，魏徵系统地提出了作为君主应有的十项反思，内容涵盖了治国理政的方方面面，言辞恳切，直指时弊。

谨慎接纳，善用谏言。

面对魏徵的直言不讳，唐太宗胸襟宽广，也展现出极高的政治智慧；他没有因为魏徵曾经建言除掉他而怨恨他，更没有选择报复，而是以一种谨慎而开放的态度去接纳魏徵，并从魏徵的谏言中汲取精华，不断修正自己的决策与行为。对人才的谨慎使用与对谏言的审慎接纳，为唐太宗赢得了从谏如流的美誉，也为大唐帝国的繁荣奠定了坚实的基础。

共创辉煌，青史留名。

唐太宗与魏徵等臣子的默契配合，不仅避免了因唐太宗个人失误而导致的国家动荡，更推动了唐朝政治、经济、文化的全面发展，创造了中国历史上一个辉煌的盛世。唐太宗的谨慎用人与魏徵等臣子的直言敢谏，共同书写了一段流传千古的佳话。

志异弗谋也。

志向不同，则不能共谋大事。

点评

人生如航行于浩瀚的大海之上，每个人心中都有一座灯塔，指引着前行的方向。

这灯塔，便是我们的志向。志向不同，意味着心中的目标和追求大相径庭，如同两条平行线，永无交集。

强行共谋大事，无异于缘木求鱼，只会徒增烦恼与挫败。

真正的合作，应当建立在共同的目标与愿景之上。

当团队成员心往一处想，劲儿往一处使时，才能凝聚成不可阻挡的力量，克服一切艰难险阻。

若志向各异，各怀心思，那么即使勉强聚集在一起，也不过是貌合神离，难以形成真正的合力。

这样的合作注定是短暂而脆弱的，最终只会走向分裂和失败。

辅公祏与杜伏威：双雄的背离

抱负不同的两人能否共谋大事？

隋朝末年，杜伏威与辅公祏起兵反隋，杜伏威以其卓越的军事才能著称，而辅公祏则擅长政治谋略。两人曾是贫寒挚友，共同建立了江淮军，威震南方。然而，随着势力的扩张，两人的志向差异逐渐显现。杜伏威满足于保全自身和手下的富贵，他看到李唐的崛起，选择归降。辅公祏却野心勃勃，企图自立为王，最终起兵反叛。

勉强合谋，终至分裂。

杜伏威和辅公祏的志向差异，直接导致他们合作失败。如果他们能够早一些认清彼此的政治抱负，或许能够找到一种相互妥协的合作方式。但历史没有如果，他们的悲剧，已经成为不可改变的事实。历史远矣，而今人应当醒悟，"道不同不相为谋"不无道理，志同道合，合作才有前景可言。

相继被捕，自遗其咎。

辅公祏兵败而被捕，反而诬陷杜伏威为主谋，导致杜伏威绝望入狱，含恨而终。后来，辅公祏潜逃被擒，最终被斩杀。这个故事提醒我们：在选择合作伙伴时，必须充分考虑对方的志向和追求。只有志同道合的伙伴，才能在共同的目标和愿景下紧密合作，携手创造辉煌的未来。

谏学

人忌言废也。

一个人遭人忌恨时，他的言辞往往显得无用。

点评

这一辈子，难免会遇到几个因嫉妒、竞争或其他复杂情感而对我们产生忌恨的人。

即便我们费尽口舌，试图解释、辩白或争取理解，也往往收效甚微，甚至可能适得其反，使情况更加恶化。

因为，当忌恨的情绪在心中生根发芽时，理智的声音往往被淹没，此时的言语便显得苍白无力了。

古人云："水深不语，人稳不言。"

我们用一年时间学会说话，却要用一生去学会何时该保持沉默。

真正的智慧，在于理解言行的分寸，懂得在关键时刻收敛锋芒。

当然，这并非意味着我们应该在遭遇忌恨时选择逃避。

相反，我们要有更高的智慧和更大的勇气去面对这一切。

真正的力量不在于言语的争辩上，而在于通过行动的证明和时间的考验来展现。

才高遭忌，贾谊之殇

才高遭嫉，如何自保并发挥所长？

贾谊，西汉初期的杰出人物，年少便以才华闻名，二十多岁时被汉文帝任命为博士。贾谊曾提出遣散列侯至各自封地的建议，被汉文帝采纳。然而，许多功臣不愿离开京城，其中以丞相周勃功劳最大，因此以他为首的功臣们对贾谊心怀怨恨，纷纷进言诽谤贾谊"年少初学，专欲擅权，纷乱诸事"。

智慧周旋，莫太激进。

面对周勃、灌婴等权贵的嫉妒与诽谤，贾谊本可尝试通过谦逊的态度与积极的沟通来化解矛盾。同时，他也可以运用自己的智慧，在政治斗争中灵活周旋，寻找适合自己的生存之道。但遗憾的是，贾谊的性格过于刚直，对诽谤毫不在意，不断上疏针砭时弊。由于其主张的改革过于激进和超前，与汉文帝所追求的稳定和平衡有所冲突，于是汉文帝开始逐渐疏远贾谊，不再采纳他的意见。

疏远与埋没，才华未尽展。

汉文帝疏远贾谊后，将贾谊外放到长沙。贾谊的才华与抱负未能得到充分施展，最终在遗憾中度过余生。贾谊的悲剧，是才华与命运的错位。他的故事启示我们：刚直激进可能会加剧矛盾，直言进谏未必能取得理想效果。好的谏言需要有适当的时机与恰当的表达方式，这样才能在自保的同时，充分发挥个人的才华，实现自己的人生抱负。

君子重诺，其心荡荡。

品德高尚的君子，无比重视自己的承诺，他的内心宽广坦荡。

点评

诚信乃立人之本，君子之行，以信为先。

在纷繁复杂的世界中，能够坚守承诺，不为外物所动，是君子难能可贵的品质。

重诺之人，其心如明镜，不藏私念，行事光明磊落，令人敬佩。

他们的每一次承诺，都如同金石之音，掷地有声，不仅赢得了他人的信任与尊重，更为社会树立了诚信的标杆。

然而，世间诱惑众多，能始终如一地践行诺言，实属不易。

因此，我们更应该珍视并学习君子的这种品质，让诚信之花在每个人心中绽放。

关羽的忠诚与信义

生死与信义，哪个更重要？

关羽，字云长，三国蜀汉名将，以其忠诚与信义闻名于世。

桃园三结义时，关羽曾向刘备许下誓言，要一生追随，不离不弃。在曹操俘虏了刘备的妻子和关羽后，曹操用尽各种手段想要收服关羽，但关羽始终不改其志，坚持回到刘备身边。曹操为了考验关羽，故意放行，并沿途设下重重关卡。关羽为了尽快与刘备会合，不畏艰险，过五关斩六将，最终成功突围。这一行为，不仅展现了他的勇猛，更凸显了他对承诺的坚守和对信义的执着。

然而，关羽的忠诚与信义并不仅限于此。在赤壁之战后，曹操败走华容道，恰好遇到关羽把守关口。按常理，关羽可以趁机杀死曹操，但考虑到之前曹操对自己的厚待和恩情，关羽最终选择放走曹操。这一举动，虽然让刘备等人感到意外，但也更加彰显了关羽的信义。

忠诚不渝，信义为先。

关羽的故事告诉我们，真正的君子重诺，不仅仅是在顺境中坚守承诺，更在于在逆境甚至生死关头依然能够坚守信义。信义为先，是关羽一生中最宝贵的品质。

名垂青史，永载史册。

关羽的忠诚与信义不仅赢得了刘备等人的尊敬和信任，也赢得了后世无数人的敬仰和赞誉。他被誉为"武圣"，成为中国传统文化中忠诚与信义的象征。关羽的故事被广为传颂，他的形象也被塑造成各种艺术作品中的经典角色，永远地留在了人们的心中。

小人背信，其心暗暗。

小人违背信义，内心包藏着阴暗与狡诈。

点评

诚信难能可贵。

世间总有那些背信弃义的小人，他们表面伪善，内心藏着不可告人的算计。

小人背信，不仅是对他人的伤害，更是自我道德的沦丧。

在人际交往中，我们应时刻保持警惕，辨识那些言行不一、口蜜腹剑的小人，以免深受其害。

诚信之光，可以驱除内心的阴暗，照耀我们前行的每一步，让这个世界少一些欺诈与虚伪，多一些真诚与信任。

吕布：三姓家奴

利益和信义，如何抉择？

吕布，作为东汉末年的著名武将，以其勇猛无双的战斗力闻名于世。"三英战吕布"便是最知名的一战。然而，在吕布辉煌战绩的背后，却隐藏着他多次背信弃义的行径。他先是追随丁原，因为董卓的利诱而弑主投敌；后又因为贪图貂蝉的美色，与王允合谋诛杀董卓。这两次背信之举，虽让他一时得势，却也埋下了他日后覆灭的种子。

坚守信义，方能长久。

在乱世之中，吕布虽然拥有超凡的武艺，但他却未能坚守信义，多次为了利益而背叛他人。这种短视的行为，让他失去了众多盟友和将士的信任和支持。如果吕布能够坚守信义，对待每一份信任和托付都认真负责，他或许能在乱世中建立不世之功勋，而非落得个孤家寡人的下场。

背信者亡，守信者昌。

吕布背信弃义的行为，最终导致他众叛亲离。在曹操与刘备的联合打击下，他失去了所有的盟友和军队，最终被俘处死。吕布作为背信弃义的典型代表，其一生充满了对信义的践踏与对利益的盲目追求。他的故事警示我们，在人际交往中，应当时刻保持警惕与自省，坚守信义与原则。只有这样，我们才能赢得他人的尊重和信任，避免走上吕布那样的悲剧之路。

见心知品也。

深入洞察人心，方能准确评判其品性。

点评

人心深似海，品性藏其中。

在复杂多变的人际交往中，如何"见心"，即如何准确捕捉并理解一个人的内心世界，是评判其品性的关键。

这不仅需要敏锐的洞察力，更需要深厚的同理心和智慧。

我们常常会遇到各种性格迥异、行为各异的人。

有的人外表谦和，内心却狡诈多疑；有的人言语直率，且心怀坦荡。

见心知品，不仅是一种能力，更是一种修养。

它要求我们不仅要关注对方的言语和行为，更要通过细微之处，如眼神、态度、情绪变化等，去感知其真实的内心世界。

刘备与曹操：
煮酒论英雄中的品性较量

如何洞察人心，评判品性？

东汉末年，刘备曾经短暂归附于曹操麾下。某日，曹操设宴款待刘备，席间二人相谈甚欢。然而酒过三巡后，曹操话锋突转，询问刘备："当今天下有哪些人可以被称为英雄？"刘备依次提及袁术、袁绍、刘表等人，但均被曹操否定。最终，曹操指向刘备，然后又指着自己，说："当今天下，能称得上英雄的，只有你我两个而已。"刘备听到这话，内心震惊、惶恐不安，以至于手中的筷勺不慎落地。恰逢此时，大雨滂沱，雷声隆隆。刘备借此机会，从容地拾起筷勺，打马虎眼说他被雷声惊到，失态了。曹操听了，笑着说："男子汉大丈夫也怕雷声吗？"刘备巧妙回答："连圣人都会因为雷声而变色，何况是我们这些普通人呢？"刘备借雷声，巧妙地掩饰了内心的真实反应，曹操因此未对刘备起疑。

从细节处见人心。

曹操以言语试探刘备的雄心与品性，而刘备则机智与沉稳地应对。曹操的直言不讳展现了他对天下局势的深刻洞察和对自己能力的自信，而刘备的掩饰，则体现了他内心深处的谨慎与惶恐。两人言语交锋，实际上是对彼此内心世界的深刻洞察与较量。刘备以低调、谨慎应对曹操的试探，既保护了自己，又未显露自己的真实意图，展现出其深深的城府与高超的处事智慧。

为三国鼎立格局埋下伏笔。

煮酒论英雄，是《三国演义》中的一个经典情节。曹操与刘备这两位英雄人物，在各自的道路上前行，最终成就了各自的历史地位。这次对话，也被后世广为引用和传颂，让人们更加深入地了解到两位英雄的内心世界与品性特征。通过言语的交锋与试探，两人展现了各自的智慧与才能。这个故事告诉我们：在人际交往中，我们要学会以敏锐的眼光去观察、去倾听、去思考，从而更加准确地把握他人的品性与意图。

善言未必善报。

说出善良的话语，不一定能获得相应的善报。

点评

我们常常憧憬善言能结善果，但其实在善言与善报之间，往往隔着诸多变数。

言语，是心声的自然流露，能暖人心，也能刺人骨髓。

在中国古代社会，忠臣良将常以善言谏君，然而，忠言逆耳，往往难以立即得到君主的善报。

善言如同夜空中的星星，虽照亮前路，却也可能因夜色深沉而被遮蔽。

因此，我们在坚持传达善言的同时，也需要有坚忍不拔的心志，理解并接受善言未必能即时得善报的现实。

比干：忠臣之血，谏官之殇

直言进谏，何以招祸？

比干是商朝君主文丁之子、商纣王帝辛的叔父，幼年聪慧，勤奋好学，二十岁就以太师高位辅佐帝乙。帝乙去世，他受托孤之重任，辅佐商纣王帝辛，历经两朝，忠君爱国，敢于直言劝谏。商纣王荒淫无道，比干多次冒死进谏，试图规劝纣王改邪归正，以保社稷安宁。然而，纣王非但不听，反而对比干的忠言感到厌烦与愤怒。

忠心如一，宁死不屈。

面对纣王的暴怒与威胁，比干依然坚守忠诚，继续以善言相劝。他深知自己的谏言可能无法立即改变现状，但他更清楚，作为臣子，必须尽忠职守，即便牺牲生命也在所不惜。

悲壮牺牲，遗泽后世。

最终，比干因直言进谏触怒纣王，被挖心处死，其忠贞与勇气令人动容。虽然比干未能立即从纣王那里获得善报，但他的精神与事迹却永远铭刻在历史的长河中，成为后世忠臣的楷模。比干的故事告诉我们：善言虽然未必能即时得报，但其价值在于对正义的坚守与对后世的启迪。善言未必得善报，但善言的价值与意义却远远超越了即时的回报。在中国古代，无数忠臣良将以他们的生命为代价，证明了善言的力量与价值。他们的事迹激励着我们，在面对不公与黑暗时，依然要为正义和光明而奋斗——说善言，而不图善报。

诳语未必人厌。

欺骗的话语，不一定让人厌恶。

点评

诳语，即欺骗的话语，常被世人所唾弃，被视为不诚不义的言辞。

然而，世事复杂多变，在某些情境下，善意的谎言能化解矛盾，保护他人免受伤害，且在各种言辞策略中，适时的伪装也可能是避免冲突的关键。

真正的智慧，在于理解人性的多面性，以及在不同场合下选择最合适的表达方式。

因此，谎言未必让人讨厌，关键在于其背后的动机与目的。

泰伯三让王位

氏族传统与父亲心愿，可否两全？

周太王古公亶父育有三子：长子泰伯，次子仲雍，三子季历。季历娶太任，诞下一子，名昌（即周文王姬昌）。昌自幼才智出众，形貌非凡，展现出王者之姿，因而深受周太王宠爱。

周太王有意将周室基业传于姬昌，然而依据当时的氏族传统，王位必由嫡长子承袭。姬昌之父季历身为第三子，自然无资格承袭王位，这也意味着姬昌难以承继周室基业。周太王既不愿违背氏族规矩，又为无法传位于孙儿姬昌而叹息，这一幕被泰伯和仲雍两个儿子看在眼里，记在心里。

用善意的谎言，成全父愿。

泰伯深知父亲的犹疑，他说服弟弟仲雍与他一起隐退，这样父亲就能名正言顺地把王位传给三弟季历。于是，他们趁父亲生病的时候，谎称要去遥远的南方采药，便隐居吴地了。

后来，周太王去世，泰伯和仲雍回到家乡奔丧，季历想把王位还给泰伯，但泰伯再三推让。等丧事结束后，泰伯和仲雍又悄然离开了。

不久，季历派人寻到吴地，请泰伯回国继承王位。然而泰伯指着自己的头发和身体说："我到吴地，入乡随俗，文身断发，已不可继承宗庙社稷了。"泰伯以此举断绝季历心中最后一丝疑虑，可谓大节不夺。季历看到哥哥如此坚决，便决定不负所望，要把天下治理好。季历去世后，姬昌继承王位，之后才有了武王伐纣的历史。

成就至德，流芳百世。

泰伯三让王位，赢得了世人的赞誉。他与当地人民携手并肩，共同开发江南，使得这片土地逐渐繁荣起来。他创立"句吴"，为吴国的崛起奠定了基础。然而，他始终不肯称王，只愿被人们称为"伯"，并且没有留下后代，以表明自己让位的决心。他高尚的品德和无私的行为，被后人广为传颂。当孔子读到这段历史时，感动得拍案惊呼："泰伯，其可谓至德也已矣！三以天下让，民无得而称焉。"

上意乃定也。

上级的意志，是决定团队成员行动方向的关键。

点评

在封建社会中，上级（如君主、长官等）的意志和决策往往被视为社会发展的决定性因素，影响着下级或民众的行为举止、政策执行乃至日常生活。

这反映了古代社会等级森严、权力集中的特点，上级的权威具有不可抗拒的力量。

这种对上级意志的遵从，不仅体现了古人对权威的尊重，也是维护社会秩序和政治稳定的重要基础。

需要注意的是，在现代社会，随着民主制度的建立和发展，个人的权利和自由得到了更加充分的保障和尊重。

上级的决策和意志虽然仍然具有重要的指导作用，但也需要遵循法律、尊重民意、接受监督，以确保其合理性和公正性。

祖逖中流击楫

以寡敌众，以何为战？

东晋初年，面对中原的沦陷，祖逖毅然请缨北伐，誓要收复失地。然而晋元帝司马睿并没有恢复中原的打算，他勉强答应祖逖的请求，派他做豫州刺史，拨给少量粮草，至于人马和武器，叫他自己去想办法。于是祖逖带着随同他一起南渡的几百户乡亲，组成一支队伍，北上横渡长江。

坚定意志，凝聚军心。

当船行至中流之时，祖逖眼见面前滚滚东去的江水，感慨万千。想到山河破碎、生灵涂炭的情景，想到困难的处境，感到壮志难伸的愤懑，他豪气干云，热血涌动，敲着船楫朗声发誓："祖逖若不能平定中原，收复失地，那就像这大江一样有去无回！"

祖逖激昂的声调和豪壮的气概，使随行的壮士们个个感动、人人激奋。

收复失地，激励后世。

在祖逖的坚定领导下，他的军队展现出惊人的凝聚力和战斗力。他们一路奋战，收复了黄河以南的大片领土。祖逖的功绩也因此被后人铭记，成为激励一代又一代人的英雄。

祖逖"中流击楫"的故事启示我们：作为领导者，必须拥有坚定的意志，以身作则来诠释和传达团队的愿景，从而引领团队成员共同开拓进取。

智者必重礼焉。

有智慧的人，必定重视礼仪。

点评

礼仪，是文明社会的基石。

智者深知，礼仪不仅关乎个人修养，更关乎社会秩序与和谐。

礼仪不仅仅是外在的形式，更是内心修养的体现，是智慧与德行的结晶。

在快节奏的现代生活中，礼仪似乎逐渐被边缘化，但有智慧的人从未忽视其重要性。

他们以身作则，以礼待人，不仅能赢得他人的尊敬与信赖，更能促进彼此之间的合作与共赢。

管仲的尚礼政策

天子让礼于诸侯，如何受之？

齐桓公三十五年（前651），周惠王崩，桓公携诸侯拥立太子郑，即周襄王。齐桓公属意各诸侯之间结盟修好，遂在葵丘召集各诸侯相会，史称"葵丘会盟"。在葵丘会盟上，周襄王为了表示对齐桓公的尊重和感激，特意派遣大臣宰孔给齐桓公送了一块祭肉。鉴于桓公年事已高且德高望重，宰孔传达王命，许桓公不必行下拜之礼。桓公与宰相管仲商议，管仲进言道："周王谦让，臣子却不可不敬。"齐桓公于是答谢宰孔："天子的威严近在咫尺，我岂敢不下阶拜谢！"于是下阶拜谢，登堂领赏。在场诸侯都被桓公的举止折服，赞叹其礼仪周全。

懂礼顺势，诸侯信服。

春秋战国时期，礼制动荡、秩序崩溃，管仲并未随波逐流，而是坚定地捍卫"周礼"，以其言行影响并引领着周围众人。更进一步，他敏锐地洞察到精神教化的推行需建立在坚实的物质基础之上，因此提出了"仓廪实而知礼节，衣食足而知荣辱"的论断。这一观点与现今我们强调的精神文明与物质文明双丰收的理念不谋而合，均强调了两者相辅相成的重要性。

礼仪之光，照耀千秋。

孔子对管仲的赞誉极高，他强调管仲在辅佐齐桓公期间，成功引领诸侯国走向霸业，使天下秩序得以匡正。孔子进一步指出，若无管仲的卓越贡献，我们或许将陷入混乱之中，如同"披发左衽"，沦为落后之民族。孔子鼓励我们向管仲学习，遵循礼仪，恪守章法，以赢得他人的信任与尊重，如此我们在行事时将更为顺畅，成就也将更为显著。

贤者必助人焉。

贤明的人，必然都乐于助人。

点评

赠人玫瑰，手有余香。

人生在世，要想成就一番事业，或是活得坦荡、内心光明，必以助人为乐。

在帮助他人的过程中，不仅解决了别人的困境，也提升了自己的德行与修养。

贤者的助人，并非出于炫耀或功利，而是源自内心的善良与责任感。

他们相信，每一份付出都会化作温暖的春风，吹散世间的寒冷与阴霾。

助人并非易事，它需要智慧、勇气与坚持，更需要保持清醒的头脑，以公正无私之心，去辨别真伪，区分善恶。

贤明的人懂得：真正的帮助，应当是雪中送炭，而非锦上添花；应当是长久之计，而非一时之需。

苏轼与东坡书院：文脉相承

谁说遇难的人只能等待救助而不能助人？

苏轼，北宋时期的文学巨匠，一生仕途坎坷，屡遭贬谪。然而，无论身处何种境地，他都不忘传承文化，培养后进，以助人成才为己任。在被贬至海南岛期间，苏轼亲手创办了东坡书院，为当地学子提供了宝贵的学习机会。

逆境中的文化播种者。

面对荒凉的海南岛，苏轼没有自怨自艾，而是积极投身于教育事业。他利用自己的文学造诣和人生经验，亲自授课，传授知识，为当地培养了一批批优秀的学子。东坡书院不仅成为当地文化传播的阵地，更是当地人民心中的一盏明灯，照亮了他们的求知之路。

文脉绵延，泽被后世。

苏轼在东坡书院的努力，不仅为当时的海南岛带来了文化的繁荣，更为后世留下了宝贵的教育遗产。东坡书院成为中国古代教育史上的一座丰碑，激励着无数教育工作者投身于教育事业，为培养更多的人才而努力奋斗。

苏轼的事迹启迪我们：真正的贤者，无论身处何种境地，都能以积极的态度面对生活，用自己的智慧和力量去帮助他人，让这个世界因为我们的存在而变得更加温暖和美好。

原文

不敬上，无以谏也。

译文

不尊敬上级，就无法进行有效的劝谏。

点评

尊重上级，是谏言得以被倾听的前提。

在层级分明的社会结构中，对上级的敬意不仅体现了对权威的尊重，更是对职责和秩序的维护。

若心中缺乏对上级真诚的敬意，便难以发出具有影响力与建设性的劝谏。

然而，敬上并不意味着盲从或放弃原则。

真正的敬上，是在尊重上级的同时，坚持自己的立场与观点，以理性和建设性的方式提出自己的看法和建议，促使上级接受并改正错误。

触龙说赵太后

触龙,战国时期赵国的大臣,担任左师之职。赵孝成王新即位,秦国利用赵国政权交接的机会,大举进攻赵国。赵国岌岌可危,于是向齐国求援。然而,齐国提出要求,需将赵太后的幼子长安君送去齐国为人质,他们才愿意出兵。赵太后不愿让儿子冒此风险,坚决拒绝了大臣们的强谏,并宣称:"若有再言令长安君为人质者,老妇必唾其面!"

以情入理,敬谏救危。

触龙面对气势汹汹的赵太后,并未直接提及人质之事,而是先从太后的健康和日常生活入手,表达了深切的关怀。待太后情绪缓和后,触龙巧妙地引出了关于疼爱子女的话题。太后在了解到触龙也深爱着自己的小儿子后,不禁产生了共鸣。在此基础上,触龙开始正式劝谏。他通过对比历代赵国君主子孙的遭遇,深刻阐述了"父母之爱子,则为之计深远"的道理。指出长安君虽然地位尊贵、生活富足,但若无功于国,日后将难以在赵国立足,若肯为赵国安危而屈居齐国,则必受国人爱戴。

太后释然,质子成行。

触龙的劝谏深深打动了赵太后。她欣然接受了齐国的提议,并亲自为长安君准备了车马,送他前往齐国。最终,齐国的救兵出动,赵国转危为安。触龙在劝谏过程中,既展现了对太后的尊重与理解,又巧妙地融入了为国为民的深远考量。这种劝谏艺术,不仅体现了触龙高超的智慧,更彰显了他对赵国未来的责任感。

原文

少才识，无以动也。

译文

如果没有深厚的学识和独到的见解，那么谏言就不能触动上级。

点评

深厚的学识和独到的见解，是建议（谏言）的核心。

没有这两样，建议就像风中的羽毛，轻飘飘的，没法打动人心，更别提解决问题了。

聪明人的建议，总能一针见血，因为他们学问多，看得远。

在日常生活中，首先要提高自己的修养和学识，然后才能提出高明的建议。

因此，想要提出高明的建议，就得不断学习，多琢磨，用真才实学说话，这样说出来的话才有分量。

如果你的建议总是得不到别人的重视，也不必心灰意冷，可以通过日积月累，提高内在修养，增加学识。只要有真才实学，终有一日会得到认可与重用。

狄仁杰：博学多才，机智谏言

怎样做一个好的谏臣？

狄仁杰，唐朝时期著名的政治家、法学家。在唐高宗仪凤元年（676）的九月，左威卫大将军权善才和左监门中郎将范怀义因不慎砍伐了昭陵陵园中的柏树，被高宗下令处死。时任大理丞的狄仁杰上奏朝廷说："他们两人的罪行并不足以致死。"高宗听后面露不悦，说道："权善才和范怀义砍伐了陵园中的树，这是要让我成为不孝之子，必须处死他们。"狄仁杰继续进言道："陛下制定法律，将其公布于众，各种刑罚都有明确的等级差别。哪里有犯的不是死罪，就立即赐死的道理？如今陛下因为昭陵的一株柏树就处死两位将军，千年之后，世人将会如何评价陛下呢？会不会说陛下不仁不义呢？这正是我不敢遵奉陛下的旨意，处死他们二人的原因。"狄仁杰言辞恳切、逻辑严密，终于打动了高宗。

引经据典，才识过人。

狄仁杰在提出谏言之前，总是先进行深入的调查与思考，确保自己的建议有理有据，又有可操作性。他通过对国家大事的细致观察与分析，准确把握了政治风向与民众需求。同时，他能够巧妙地运用语言与策略，使自己的谏言既具有说服力，又能够避免触怒君主。

得到朝廷认可。

狄仁杰的谏言不仅得到了唐高宗和武则天的认可与采纳，更在当时的政治环境中产生了深远的影响。他的谏言不仅具有高度的智慧与勇气，更体现了他对国家和民众的深切关怀。狄仁杰的故事告诉我们：才识是谏言有效的关键。只有不断学习提升自己的才识，才能为国家的繁荣与发展建言献策。

言尽述，无以宠也。

进谏的时候，把心里话都说出来，就无法得到上司的宠信。

点评

常言道，"伴君如伴虎"，意指在权力中心，言辞需要谨慎。

真正的忠诚与正直，并不意味着毫无保留地吐露心声，尤其是在涉及敏感或不利于上级的信息时。

当然，这并不意味着我们要放弃原则，而是要学会在坚持与妥协之间找到平衡点，既不失真心，也不失智慧。

说话的艺术，不在于你说了多少，而在于你说得巧不巧。

有时候，简单几句话，就能说到点子上，让人一下子明白你的意思，这样的建议才更有价值。

真正的聪明人，能用最少的字，说出最有力的话，让人一听就懂，一懂就服。

晏子巧劝齐景公：
简短几句话，改变君王心

如何有效地规劝君主？

齐景公时期，齐国国力强盛，但齐景公却逐渐沉迷于奢华享乐之中，不顾民生疾苦。有一年，连着下了几天大雪，天寒地冻的。可他呢，穿着一件特别暖和的狐皮大衣还嫌不够，坐在大殿的台阶上说："真奇怪，雪下得这么大，我怎么一点儿都不觉得冷呢？"这时候，齐国大夫晏子进来了，他听齐景公这么说，就笑着问："大王，您真的不觉得冷吗？"齐景公一听，乐了，以为晏子在跟他开玩笑。但晏子接着认真地说："我听说啊，古时候的贤君尧、舜，他们自己吃饱了就会想到别人还饿着，自己穿暖了就会想到别人还冻着。大王您现在穿着这么暖和的衣服，您觉得不冷，是不是就没想到外面还有很多人挨饿受冻呢？"

齐景公一听，心里咯噔一下，这才意识到自己的问题。于是，他立刻下令，把宫里的衣服和粮食都拿出来，分给那些挨饿受冻的老百姓。

还有一次，齐景公因痛失心爱的马匹，下令对养马人处以肢解之刑。晏子见状，想即刻劝谏，但鉴于齐景公正处于盛怒之中，直接进谏恐非良策。于是晏子采取一种策略性的方式，他询问："对于肢解之刑，尧、舜等古代贤君是否有过明确的执行方法？特别是从身体的哪个部位开始？"由于尧、舜以仁德著称，绝不可能因为一匹马而轻易杀人，更无具体的肢解方法。齐景公闻言，瞬间领悟到晏子的深意，遂改口道："无须肢解，将此人交由狱官处置即可。"随后，晏子进一步向齐景公陈述："此人虽有过失，然其未必全然明了所犯何罪。我愿为他细数罪状，使其死得明白。"接着，晏子开始列数养马人的罪行："你犯有三项重罪。首先，未能妥善照料国君的马匹，致其死亡，此为一罪。其次，所死之马为国君所深爱，此为二罪。再者，你因养马不当而使国君盛怒杀人，此事一旦传开，必将引发百姓的怨恨，诸侯亦将轻视我国。因你之故，百姓心生不满，邻邦亦轻视我国，此为三罪。你可知罪？"

齐景公听了深感愧疚，慨叹道："释放他吧！以免损害我的仁爱之名。"晏子以智慧和策略，成功劝导齐景公，挽救了养马人的性命。

以古鉴今，直击要害。

晏子在劝谏齐景公时，没有长篇大论，也没有拐弯抹角，而是直接指出问题的核心，且善于运用古人的智慧和行为作为对比，通过简洁而深刻的言辞，揭示出齐景公的不当之处。他并未正面指责齐景公，而是以古代贤君的行为标准来引导齐景公反思自己的行为，让齐景公一听就懂，一听就改。这就是说话的艺术，也是谏言的智慧。

齐景公改过自新。

经过晏子的多次进谏，齐景公逐渐认识到自己的错误，开始关注民生，减轻百姓负担，使得齐国在他的治理下更加稳定繁荣。晏子的谏言不仅赢得了齐景公的尊重与信任，更为后世留下了宝贵的治国经验。

上明则下直。

君主若英明睿智，其下属自会坦诚正直，直言不讳。

点评

此语道出了治理国家的精髓。

君主若能明察秋毫、明辨是非，不仅为臣子树立了榜样，更为整个朝廷树立了正气，使得直言敢谏蔚然成风。

在这样的环境下，国家自然能够稳步前行，远离奸佞之祸，迎来盛世之景。

唐玄宗与姚崇:
明君贤相，共创盛世

如何恢复唐朝的繁荣与稳定？

公元713年，唐玄宗李隆基成功肃清了太平公主及其党羽的势力，之后，他亲临新丰地区进行军队检阅。当时，姚崇担任同州刺史之职，他的官所距离新丰不过三百里路途。根据规定，姚崇应当前往新丰觐见圣驾。此外，唐玄宗也私下传召了姚崇。姚崇抵达后，与唐玄宗深入探讨了国家大政方针，双方交流甚欢，彼此见解高度契合，以至于通宵畅谈，无有倦意。基于此次会晤，唐玄宗对姚崇的才华和见解极为赞赏，有意将其擢升为宰相。

明君倚重，贤相献策。

那时候，唐朝的官场出了大问题，很多官员贪污腐败，工作效率低。姚崇担任宰相后，他深知改革势在必行，也刻不容缓，他首先从制度层面入手，向唐玄宗呈递了《十事要说》，力主推行新政，以推动社会的变革。姚崇致力于消除体制弊端，整顿政府机构，精简冗余职位，并选拔具备才干的官员；同时，他也对权贵进行限制，以促进经济的健康发展。唐玄宗对姚崇的建议深表赞同，并立即采纳，全力支持其改革方案。

开元盛世，国富民强。

在唐玄宗与姚崇的共同努力下，唐朝迎来了开元盛世。这一时期，唐朝政治清明、经济繁荣、文化昌盛，成为历史上著名的盛世之一。唐玄宗的明智领导和姚崇的直言敢谏共同铸就了唐朝的辉煌时期。

上昏则下惑。

君主昏庸无道，臣子就会以巧言来迷惑他。

点评

　　领导者的才智和决断力对一个国家的命运有着决定性的影响。

　　如果一个君主缺乏远见，只顾沉溺于个人享乐，忽略了国家大事，那么他就很可能被那些巧言令色、别有用心的大臣迷惑，进而引发国家的内乱和衰败。

　　同理，一个公司的上层领导也扮演着相似的角色。

　　如果一个公司的领导者缺乏远见，只关注短期利益，忽视了公司的长远发展，那么他就很可能被那些擅长阿谀奉承、不择手段的下属误导，导致公司内部管理混乱，最终影响公司的稳定和盈利。

宋徽宗与蔡京：联手误国

痴迷艺术，如何当一个好皇帝？

宋徽宗赵佶虽在艺术领域有极高的造诣，但治国能力却严重不足。他重用奸臣蔡京，后者以权谋私，祸乱朝纲，将北宋推向了万劫不复的深渊。蔡京擅长察言观色，利用宋徽宗对艺术的痴迷，不断进献奇珍异宝与书画作品，以此博取君主的欢心。同时，他大肆搜刮民财，中饱私囊，导致国库空虚，民不聊生。在蔡京的操控下，朝廷政治腐败，官员贪污成风。他排除异己，打击忠臣，使得朝中无人敢言其非。同时，他还通过科举制度选拔亲信，进一步巩固自己的权势。面对北方金国的威胁，蔡京不仅不加强国防，反而鼓吹和议，企图以牺牲国家利益来换取短暂的和平。这使得北宋的边防形同虚设，为后来的靖康之变埋下了伏笔。

拨乱反正，重用贤良。

若宋徽宗能及早醒悟，摒弃对艺术的过度痴迷，转而关注国家大事，同时慧眼识人，远离奸臣贼子，重用那些真正有治国才能的贤臣，如李纲、宗泽等，或许能够挽回北宋的颓势。此外，他还应当设立监察机制，严查官员的贪腐行为，恢复朝廷的清明与公正。可惜，历史没有如果，北宋最终亡在这个痴迷艺术的皇帝手里。

靖康之耻，亡国之痛。

最终，金国大军南下，势如破竹。北宋朝廷在蔡京等奸臣的误导下毫无准备，迅速崩溃。宋徽宗及其子钦宗被俘虏至金国，北宋灭亡，史称"靖康之变"。

原文

上虐则下诺。

译文

君主残暴无道，臣下往往就唯唯诺诺，不敢直言。

点评

苛政猛于虎。

在苛刻残暴的统治之下，臣子们或因恐惧，或因自保，选择沉默而非抗争，然而这种沉默非但不能保护自身，反而助长了苛政的蔓延，最终可能将整个国家拖入深渊。

真正的忠臣，应坚如磐石、挺立如松，勇于直言，以行动捍卫正义与忠诚。

隋炀帝的暴政与薛道衡的悲歌

暴君治下，沉默还是进谏？

隋朝末年，隋炀帝杨广残暴无道，横征暴敛，致使民不聊生。他大兴土木，建造奢华的宫殿，又频繁征发徭役，导致百姓疲惫不堪，社会动荡不安。在这样的背景下，多数臣子选择了沉默与顺从，而薛道衡，这位才华横溢的臣子，却选择了另一条道路——直言进谏。

忠臣进谏，不惧生死。

薛道衡曾与晋王杨广共事，其间，杨广对薛道衡的文采赞誉有加。然而，薛道衡并未因此而动摇立场。隋文帝在位期间，薛道衡因为被弹劾结党营私而被流放。途经扬州时，杨广想将他揽入幕府，薛道衡却不愿与杨广有过多交集。杨广登基后，薛道衡上奏了一篇借古讽今的《高祖文皇帝颂》，谁知此举竟使杨广萌生了杀害薛道衡的念头。

当时，薛道衡的朋友房彦谦劝他明哲保身，但薛道衡却不以为意。一次，朝臣讨论新令时，薛道衡因出语尖刻而被人密报隋炀帝。隋炀帝下令让薛道衡自尽。薛道衡大感意外，没有决别自裁，宪司重新上奏，隋炀帝下令将薛道衡缢杀。薛道衡的牺牲并未立即改变隋炀帝的暴行，但他的行为却成为后世忠臣谏言的典范。

暴政亡国，忠臣之殇。

面对隋炀帝的暴政，一些忠臣试图通过进谏来规劝其改正错误。然而，他们的忠诚与正直并未得到隋炀帝的认可，反而遭受猜忌和排斥。在无法改变暴君的情况下，一些大臣选择明哲保身，而如宇文化及等大臣选择了背叛。隋炀帝的暴政最终引发了大规模的农民起义和贵族叛乱，隋朝也因此走向了灭亡。

事不揽功。

在进谏或陈述意见时，应实事求是，不争功、揽功。

点评

"上善若水，水善利万物而不争"：水滋养着世间万物，赋予生命以活力，却从不与万物争锋。

它总是顺应自然规律，默默流淌到最低洼之地，即便遭遇再大的阻碍，也能巧妙地绕道而行，继续其坚定前行的步伐。

做人要像水一样，"利万物而不争"。

去做自己应该做的事情，不争夺虚名，不夸大个人贡献，不侵占他人成果。

尤其是在向上级陈述建议时，更应该如此。

这样的态度有助于建立信任，促进决策的公正与合理。

张居正：税改归功于朝廷与百姓

救国何必贪功？

明朝万历年间，首辅张居正为了缓解国家的财政危机，决定推行"一条鞭法"进行税改。这项改革涉及面广，影响深远，直接关系到国家秩序与百姓的切身利益。张居正在筹划税改时，广泛征询各方意见，包括朝中大臣、地方官员以及普通百姓。他深知这项改革的成功，并非自己一人之力所能及，而是需要全社会的共同努力与支持。

强调方案源于集思广益。

在向皇帝进谏时，张居正总是强调："此税改之策，乃集思广益之果，非臣一人之功。其目的在于富国强民，使百姓安居乐业、国家长治久安。"在税改方案得到皇帝批准后，张居正亲自督导实施。他多次深入地方，了解税改的执行情况，及时解决出现的问题。在面对朝野内外的赞誉时，张居正始终保持谦逊的态度，他说："税改之成，实乃陛下圣明、百官协力、百姓拥护之结果。臣不过是一介书生，得蒙圣恩，得以参与其事，实感荣幸之至。"此举赢得了朝野上下的广泛赞誉。

税改功成，功在千秋。

经过张居正及其团队的不懈努力，"一条鞭法"税改最终取得了成功。它不仅极大地缓解了国家的财政危机，还促进了农业生产的恢复与发展，改善了百姓的生活条件。张居正虽然在此过程中发挥了关键作用，但他始终将功劳归于朝廷与百姓，自己则默默退居幕后。他这种事不揽功的精神，被后世传为佳话。

人不揭私。

谈到他人时，不应当揭露或利用他人的隐私。

点评

传说龙的颈部生有逆鳞，若有人不慎触及此处，龙将发怒并取人命。

人同样存在类似的"逆鳞"，即人们通常所指的痛处，这指的是个人的缺陷、秘密或感到耻辱的记忆，统称为"隐私"。

若个体以揭人之短为手段，来彰显自身之长，从而满足心理需求，那必然百害而无一利。

进谏乃国家大事，应当秉持忠诚与正直之心，以理服人，而非以隐私为攻伐之器。

揭露他人的隐私，不仅违背了忠诚与正直的原则，亦无助于问题的妥善解决，反而可能加剧朝廷内部的纷争与动荡。

房玄龄私下谏太宗

臣子之失是否该公开批评？

唐太宗李世民在位期间，国家昌盛，但他偶尔也会因为个人情感或偏见，对某些官员产生不满情绪。有一次，太宗听闻杜如晦这位重臣的私生活不检点，因而心生不悦，打算在朝会上对他进行公开批评。房玄龄得知后，认为此举不妥，决定规劝太宗私下去批评。

房玄龄私下进谏。

房玄龄选择了一个合适的时机，单独面见太宗，以诚恳的态度说道："陛下圣明，洞察秋毫，但是臣以为，治理国家，当以大局为重，不拘小节。臣听说陛下想批评杜如晦大人的私隐，这件事要是公之于众，恐怕不单无益于朝政，反而容易生出是非，损及陛下的仁德。臣斗胆建议，陛下可以私下召见杜如晦大人，晓以利害，让他反省改过。这样既保全了陛下的仁德，又维护了朝廷的和谐。"

太宗听后，深以为然，遂采纳了房玄龄的建议。他私下召见了杜如晦，两人进行了深入的交谈，最终使杜如晦认识到了自己的错误，并主动请罪改过。

朝纲稳定，君臣和谐。

房玄龄的避私而谏，不仅避免了因公开批评可能引发的纷争与猜疑，还维护了太宗仁德的形象与朝廷的和谐稳定。

在现代社会，对隐私的保护显得尤为重要。在讨论公共事务时，我们必须秉持对他人隐私的尊重。同样，在工作环境中，我们也应当极力避免将个人恩怨或隐私事务带入其中。一个高效运作的团队，其成员务必学会将工作与个人生活明确区分开，以确保团队的整体效能不受影响。

过不护己。

面对过错，不应护短遮掩，而应勇于承认并改正。

点评

明代学者吕坤有言："修身以不护短为第一长进。"

勇敢面对自己的过错，这不仅是对自己品德的考验，更是对谏言公信力的维护。

当我们在向君主或上级提出批评与建议时，若能以身作则，勇于承认并改正自身不足，将使谏言更具说服力。

从进谏推及做人做事，"人非圣贤，孰能无过"，真正考验一个人的，并非是否犯错，而在于犯错后的态度与行动。

只有敢于正视自己的不足，才能不断进步，走向更高的境界。

诸葛亮挥泪斩马谡

情感与责任，如何抉择？

三国时期，蜀汉丞相诸葛亮在第一次北伐中原时，其得意门生马谡失守街亭而导致全军陷入被动。面对马谡的重大失误，诸葛亮没有选择袒护，而是毅然决然地按照军法将其斩首示众。这一决定对于诸葛亮而言，无疑是极其痛苦的。他深知马谡的才华与潜力，因此痛心至极，然而军法如山，不容偏私。诸葛亮为自己的人事失察而追悔莫及，作为三军统帅，他必须为大局考虑，为整个蜀汉的未来负责。

公正无私，以大局为重。

诸葛亮在深刻反省后，沉痛地感叹："用马谡，实乃错矣。"临刑之际，马谡上书诸葛亮，言辞恳切："丞相待我如同亲子，我视丞相如父。此次我违背军令，导致兵败，自知罪责难逃，丞相若将我斩首以儆效尤，我毫无怨言。只是恳请丞相能关照我家中妻儿老小，如此，我即便身死，也可安心。"诸葛亮读罢此信，心中五味杂陈，但若违背军法，免其一死，必将失去众将士之心，统一天下的宏愿也将化为泡影。于是，他强忍悲痛，安抚马谡，承诺将其子收为义子。此举一出，全军将士无不震惊，深感丞相之大义凛然、军纪严明。

以史为鉴，勇于担当。

"诸葛亮挥泪斩马谡"，《三国演义》中的这一经典情节被后人广为传颂。诸葛亮在国家大义面前做出了艰难的决策。面对爱徒的过错，他没有被私人情感左右，而是坚守原则，勇于担当。他这一举动不仅维护了军法的威严，更赢得了将士们的尊敬和信任，稳定了军心。

正而慑上焉。

拥有正直的品格和行为，自然能令上位者心生敬畏。

点评

正者无敌。在权力与利益交织的世界里，正直如同一股清流，它不受权势左右，不为利益所动。

正直的人，面对权势能坚守原则，以道德和良知为盾，震慑那些试图偏离正义的轨道的上位者。

包拯七弹王逵

在权势面前，正义何去何从？

包拯，以其刚正不阿、铁面无私的形象，被誉为"包青天"。他严于律己、勇于担当，对朝中的腐败现象从不姑息。包拯在担任监察御史期间，频繁弹劾赃官酷吏，其中最为人所称道的便是他七次弹劾酷吏王逵的事迹。王逵曾任湖南路转运使，相当于湖南的最高行政长官，他手握重权，欺压百姓，贪污受贿，致使民怨沸腾。面对这样一个权势滔天的官员，许多人都选择了沉默或妥协。然而，包拯却毫不畏惧，他先后七次上疏弹劾王逵，历数其罪行，他的每一份奏疏都言辞恳切、证据确凿，展现了其非凡的勇气和坚定的立场。

七次弹劾，大义凛然。

王逵任湖南路转运使期间，百姓深受苛捐杂税之扰，苦不堪言，因此起义反抗。王逵采用酷刑进行镇压，被揭发后，被贬至池州。然而，因为宰相陈执中等人的支持，王逵又被仁宗皇帝赏识，升任江南西路转运使，继续横征暴敛。包拯得知后，上疏弹劾，但仁宗应付了事，仅将奏折批给位居转运使之下的提点刑狱司处理。包拯不服，第二次上疏，同时直言朝廷处置不当处。但对于包拯的再次弹劾，仁宗皇帝不仅不为所动，反而让王逵兼任提点刑狱司的职责。这样一来，王逵就更加猖狂了，开始打击报复提点刑狱司，关押了五六百人。包拯空有除贼之心，可身为监察御史只有言事的权力。包拯只得再次上疏弹劾。而这一次，由于王逵的打击报复，朝野上下都很愤怒，包拯又接连上疏弹劾三次。王逵终于被降职为徐州知府。可不久，王逵再次升任淮南转运使，包拯便再次弹劾。包拯连续上疏七次，直言朝廷包庇酷吏，言辞激烈，引得朝野震动，仁宗皇帝不免胆战心惊，终于认识到错误，罢免了王逵。

正义伸张，民心大快。

包拯正直无私的品德、永不放弃的精神震慑了上位者。仁宗皇帝终于承认错误，王逵也终于被绳之以法。这一胜利不仅打击了腐败势力，更向世人传递了一个明确的信号：无论权势如何滔天，只要有人敢于站出来维护正义，那么正义必定能够战胜邪恶。包拯七弹王逵的事迹在民间广为流传，成为后世传颂的佳话。

惠人勿虚。

给予他人帮助或恩惠，旨在解决实际问题，而不是做表面文章。

点评

人在事上练，刀在石上磨。

问题解决得好不好，关键要看有没有实效。没有落在实处的结果终究经不起推敲，经不住时间的考验。帮助别人，要直面问题，从根本上想办法，不能浮于表面。

在人际交往和国家治理层面，我们必须警惕那些空洞的言辞和形式化的帮助。

鼓励每个人用心感知他人的需求，以实际行动回应并解决问题。

社会各界不乏那些默默奉献、真诚助人的身影，他们或许并不张扬，但他们的行为却如同暖流一般，为需要帮助的人带来温暖。

这种帮助并非由短暂的热情所驱使，而是源于内心深处的善良与责任感。

范仲淹：义田义庄，泽被后世

坐视族人受苦，于心何忍？

皇祐元年（1049），年逾花甲的范仲淹在赴杭州上任途中，经过苏州，看到家族成员生活困苦，深感痛心。他回想起自己早年孤苦的经历，不愿族人再受此苦，于是与兄长范仲温商讨，决心创立义庄，以解决家族内部的贫困问题。

范仲淹筹集资金，陆续购入千亩近城田地，设立义田与义庄。义田的收入用来分发给族中各房，按人口数量分配衣食，并资助婚丧嫁娶等事宜。此外，他还设立义宅供范氏家族聚族而居，并建有义塾，为家族子弟提供教育机会。

创立义庄，长期规划。

范仲淹通过创立义田、义庄，不仅解决了家族内部的贫困问题，更为后世提供了一种可行的社会救助模式。他注重制度创新，通过制定详细的规则，确保义田、义庄公平、公正地运行。同时，他具有长远的眼光，将家族利益与社会责任相结合，实现了家族与社会的和谐共融。

为了确保义田、义庄持续有效地运行，皇祐二年（1050），范仲淹亲自制定了十三条详细规则，涵盖了掌管人选、财务监督、公平分配等多个方面。设专人掌管，并接受监督。规矩刻于木板之上，挂于祠堂，要求族人遵守。范仲淹去世后，规矩遭到破坏，次子范纯仁请官府介入，情况得以扭转。范氏后人不断修订规矩，北宋时期就修改了十次。南宋时期，战火纷飞，范氏家族仍努力维系义庄。

家族繁荣，后世流芳。

范仲淹一生清廉，收入多用于修建义田、义庄。他的三个儿子，除长子以外，都参与义庄事务，次子范纯仁尤为投入。范纯仁曾两度任宰相，也是个清廉的好官，所得俸禄均用于义庄发展，从而使义庄的规模扩大至三千亩。北宋政治家钱公辅曾著文《义田记》，详细记述了范仲淹购置义田的经过，赞扬他乐善好施、广利众生的精神。南宋楼钥在《范氏复义宅记》中感叹："天佑范氏，三子鼎贵，皆以宏才高谊上继父风，后人得维持凭借，以保其家。"

范氏义庄历经宋、元、明、清至民国，传承八百余年，仍能正常运转。这一壮举不仅改善了范氏家族成员的生活状况，更为社会救助提供了宝贵的经验。如今，在范式义庄原址上建造的苏州市景范中学，其校名表达了景仰范仲淹之意。

惩人必实。

在实施惩罚时，务必基于确凿的事实，不偏不倚，方能服众。

点评

惩罚作为社会管理的必要手段，其公正性对维护社会秩序和确保公众对规则的信任至关重要。

任何缺乏事实依据的惩罚，都可能引发不满与抵触，损害公信力，甚至引发更大的社会问题。

因此，无论是国家层面的法律制度，还是民众日常生活中的行为规范，都必须建立在坚实的事实基础之上，以确保惩罚的公正性与合理性。

唐高宗冤杀上官仪

忠臣被控谋反，应如何处置？

唐朝麟德元年（664），唐高宗李治在位，此时，武则天在朝中的权威已逐渐巩固。某次，武则天引道士入宫施异术，此事遭到宦官王伏胜的揭发。鉴于武则天长期的权力压制，唐高宗对其已产生不满情绪，遂决定废除其皇后之位，于是私下召见上官仪商讨此事。上官仪直言："皇后专恣，海内失望，宜废之以顺人心。"高宗随即命其起草废后诏书。然而，武则天得知消息后，即刻向高宗申诉辩解。高宗因为惧怕武则天的怨怒，最终动摇，将罪责归咎于上官仪的诱导，说："上官仪教我。"可怜的上官仪就这么被窝囊的皇帝出卖了。

为报复上官仪，武则天指派亲信许敬宗捏造上官仪、王伏胜与废太子李忠勾结、意图谋反的罪名。鉴于上官仪曾在李忠的陈王府任职咨议参军，并与王伏胜一同事奉过李忠，这一指控极具说服力。随后，上官仪被投入监狱，最终与其子上官庭芝、王伏胜一同被处决。废太子李忠也在贬所被赐死。自此，唐高宗大权旁落，朝政完全落入武则天之手。

因名责实，严明治狱。

我国的刑罚自古以来便讲究名实相符，即详细考察事实，确定犯人罪名，然后才能施刑。而武则天编造的谣言经过精心策划，极具欺骗性，加之武则天从旁煽风点火，高宗虽然决定对上官仪进行调查，但派出的调查官员却在未能找到确凿证据的情况下，屈服于武则天的权威，很快便给上官仪安上了谋反的罪名。

朝纲失序，大权旁落。

面对不公的指控，上官仪据理力争，但无奈高宗已被谗言蒙蔽，最终下令将上官仪处死。上官仪的冤死，在朝野上下引起了极大的震动和不满，却未能警醒高宗，反而使其更加依赖武则天的决策，为武则天称帝埋下了伏笔。此例警示我们：作为领导者，必须时刻保持警惕，不轻易相信片面之词，实施处罚前，要听取不同的意见，尤其是那些来自忠臣的逆耳忠言。

谦以求贤。

以谦逊之心，方能感召贤能之士，共筑辉煌未来。

点评

《尚书》有云："满招损，谦受益。"

那些能够摒弃傲慢，以谦逊的姿态寻求人才的领导者，其心态如同海绵吸水，具备包容和吸收的特质，能够广泛吸引四方英才，共同追求伟大事业。

这种谦逊的态度，不仅体现了领导者的个人美德，更是凝聚人心、吸引人才的重要力量。

它有助于打破思想壁垒，促进不同思想之间的交流与碰撞，进而激发出团队无穷的潜力，推动事业的蓬勃发展。

曹操赤足迎许攸

如何赢得英雄心?

东汉末年,曹操与袁绍两大势力在官渡对峙,战况胶着。此时,袁绍的谋士许攸因不满袁绍的决策,决定投奔曹操。许攸的到来,对曹操来说无疑是扭转战局的关键。

当曹操得知许攸前来投奔的消息时,他正解衣要休息,连鞋子都来不及穿,就急匆匆地跑出来迎接许攸。这一幕,让许攸深感曹操的诚意与重视。曹操不仅亲自为许攸牵马,还与他并肩而行,深入交谈。在交谈中,曹操虚心听取许攸的建议,并立即采纳了他的计策,奇袭乌巢,最终大破袁绍。

以诚待人,打动人心。

曹操没有因为自己的地位与权势而轻视或怠慢许攸,反而以最快的速度、最真诚的态度来迎接他。这种谦逊与尊重不仅让许攸感受到被重视和信任,也让他愿意倾尽全力为曹操出谋划策。

战局逆转,人才汇聚。

在许攸的帮助下,曹操成功击败了袁绍,扭转了战局。这一胜利不仅增强了曹操的军事实力,也让他在天下英雄中树立了良好的口碑。越来越多的贤能之士慕名而来,投奔曹操的麾下。曹操的势力因此迅速壮大。

谦逊是领导者吸引人才、凝聚人心的关键所在。在面对人才时,我们应该放下身段、以诚相待,用谦逊的态度去赢得他们的尊重与信任。只有这样,我们才能汇聚更多的英才,共同开创更加辉煌的未来。

谦学

静以应变。

保持内心的宁静以应对万变，方能游刃有余。

点评

正如湖水因静而深邃，心灵因静而明澈。

静以应变，方能洞察世事，把握未来。宁静并非无所作为，而是一种深邃的智慧，它使我们在纷扰中保持清醒，在变化中洞察先机。

内心的宁静让我们能够冷静地分析形势、准确地判断时机，从而做出最合适的决策。

这种决策不是盲目冲动的产物，而是深思熟虑后的结果，它既能避免不必要的风险，又能最大化地利用机遇。

因此，静以应变，不仅是应对复杂局面的策略，更是人生智慧的体现。

空城计中的默契与退路

大军压境，如何死里逃生？

诸葛亮因街亭失守，被迫退守西城，面对司马懿大军的威胁，诸葛亮深知自身兵力不足，难以与司马懿正面抗衡，因此他选择了空城计这一非常规手段。他大开城门，自己在城楼上抚琴，营造出一种胸有成竹、无所畏惧的假象。诸葛亮这种自信的姿态，让司马懿感受到一种难以言喻的压力。

无言的默契。

司马懿面对空城，心中虽有疑虑，但更多的是对诸葛亮的敬畏和对局势的谨慎考量。他深知诸葛亮足智多谋，不会束手就擒。同时，他也意识到，如果强行进攻，可能会陷入两败俱伤的境地。因此，司马懿选择撤兵，避免与诸葛亮的正面交锋。

空城计的成功，在于诸葛亮与司马懿之间无言的默契。此时无声胜有声，他们通过微妙的互动，向对方传达了自己的态度。这种无言的沟通方式，不仅避免了不必要的损失，还为双方留足了颜面和退路。

一场双赢的表演。

诸葛亮绝处逢生，而司马懿也有自己的考量。司马懿初入曹魏即受曹操提防，后虽助曹丕称帝，但曹家始终防着他。曹叡称帝时，司马懿再被起用，但曹家仍防其大权独揽。司马懿深知自己对曹魏而言，如耕地需牛。蜀国是未耕完的地，只要诸葛亮在，司马懿就有价值。诸葛亮也知曹魏并不信任司马懿，故敢行此险棋。空城计是诸葛亮和司马懿双赢的表演，双方各取所需，但外人难知真相。

傲者抑之。

对于骄傲自满的下属，必须适时加以抑制。

点评

最难以克制的情感就是骄傲。

无论人们如何费尽心思地掩饰和与之抗争，它仍旧如影随形。

即便在自以为已将其彻底克服之际，人们往往又会因为自身的谦逊而滋生出一股难以察觉的骄傲情绪。

真正的智者懂得在适当的时候，以恰当的方式抑制他人的骄傲情绪，使之回归谦逊与理智。

在团队管理中，我们常常会遇到一些才华横溢但骄傲自满的下属。

他们的能力确实出众，但过度的自信往往使他们忽视团队协作，甚至影响团队的整体效能。

作为管理者，面对这样的下属，既要肯定他们的能力，又要巧妙地抑制他们的骄傲情绪。

关羽之败：骄兵必败的警示

骄傲的情绪会不会影响重大决策？

三国时期，蜀汉名将关羽以其非凡的武艺和忠勇的品性闻名遐迩。关羽镇守荆州，屡建战功，威震四方。但随着时间的推移，他的骄傲情绪日益膨胀，不仅轻视盟友东吴，还在内政上出现了疏忽。

曹操派遣曹仁领兵进攻荆州，关羽虽然成功击退曹军，但胜利的喜悦让他更加骄狂。他忽视了东吴的潜在威胁，也未加强荆州的防御。孙权趁机派遣吕蒙等人偷袭荆州，关羽在毫无防备之下丢失了战略要地，最终兵败被杀。

警惕骄兵必败。

关羽拒绝了孙权的联姻请求，并多次挑衅东吴，破坏了双方的合作基础。同时，胜利的累积让关羽自信心"爆棚"，忽视了潜在的危险和敌人的阴谋。在治理荆州上，关羽未能保持警觉，防范措施不到位，给了东吴可乘之机。

关羽的失败是对所有领导者的深刻警示。在取得成绩和胜利时，更应该保持清醒的头脑和谦逊的态度，不断审视自身的不足和潜在的威胁。只有这样，才能确保在复杂多变的局势中立于不败之地。

大意失荆州。

关羽因骄傲自满而失去荆州，不仅个人身败名裂，更让蜀汉失去了重要的战略支撑点，对三国格局产生了深远的影响。所谓"傲心炽盛，祸之所伏"，无论身处何种境地，都要时刻保持谦逊和谨慎的态度，警惕内心的骄傲情绪。只有这样，才能行稳致远。

谏学

原文

佞者远之。

译文

远离那些善于阿谀奉承、不讲真话的小人。

点评

阿谀虽无实际之利齿，却能侵铄心骨。

小人往往心怀鬼胎，却凭借甜言蜜语和虚假的奉承，试图接近并影响决策者。

真正的智者从来不让小人靠近自己。

智者明白，无事献殷勤，非奸即盗，只有保持清醒的头脑，远离那些心怀叵测的小人，才能做出明智的决策，才能避免伤害无辜。

因此，在人际交往中，识别并远离小人，是每一位决策者必备的智慧和能力。

唐太宗：拒谄别奸，固国安邦

如何识破并远离谄媚之徒？

唐太宗李世民在位期间，开创了"贞观之治"的盛世局面。他在治理国家的过程中，广开言路，喜纳谏言；然而，他也经常面临着来自小人的谄媚与干扰。有一次，唐太宗在宫中观赏风景，他指着一棵树，说道："这棵树真是漂亮啊！"宇文士及见状，立刻也对其大加赞美，言辞中充满了阿谀奉承的意味。太宗听后，并未露出喜色，反而正色道："魏徵时常劝我远离佞人，我一直不知道指的是谁，如今看来，我算是明白了。"宇文士及见状，连忙谢罪道："魏徵经常犯颜直谏，让陛下感到棘手。我有幸在您身边，若不稍微顺从一些，陛下虽贵为天子，又怎能享受到应有的乐趣呢？"太宗听后，心中的不满这才有所消散。

明察秋毫，亲贤远佞。

唐太宗在面对宇文士及等谄媚之徒时，并未被其甜言蜜语所迷惑，而是保持着清醒的头脑。他通过魏徵等忠臣的谏言，逐渐认清了宇文士及等人的真实面目。唐太宗以身作则，亲自示范了如何亲贤远佞，他重用魏徵等贤能之士，将那些谄媚之徒排除在权力核心之外，使得朝政更加清明。

国泰民安，朝政清明。

唐太宗广开言路，重用贤能之士，远离奸臣、佞臣，为唐朝的繁荣与发展注入了新的活力。唐太宗的治国智慧与魄力，不仅赢得了后世的赞誉与敬仰，更为我们提供了宝贵的历史借鉴意义，即远离小人、亲近贤臣，才能确保国家的长治久安。

智者依之。

明智的领导者应当倚重有智慧的人。

点评

什么样的人能称为智者？

《淮南子》有言："物之可备者，智者尽备之。"意思是说，对于可预见的情况，智者都会做好准备。这句话强调了智者具有预见性。

可备尽备，智者不仅要有预见性，还要为之做好充分的准备。

因此，当领导者遇到难题或面临重大决策时，应当倚重智者，虚心听取智者的意见。

张良助刘邦鸿门宴脱险

强敌环伺，如何化险为夷？

汉元年（前206）末，刘邦西入关中，秦王子婴投降。按之前的约定，谁先入关谁称王，项羽听闻刘邦先入关中，随即率领四十万诸侯联军也向关中赶来，却不承想在函谷关遭到了汉军的阻拦。项羽一怒之下破关而入，刘邦自知不敌，主动向项羽谢罪，于是项羽在鸿门设宴款待刘邦。鸿门宴上，项羽的谋士范增欲借项庄舞剑之机，行刺刘邦。

智者布局，以柔克刚。

张良深知项羽的傲慢与多疑，同时也明白刘邦当前的劣势。他迅速制定了应对的策略，让刘邦在宴会上保持弱者姿态，以麻痹项羽。刘邦果断采纳了张良的策略。当"项庄舞剑，意在沛公（刘邦）"时，张良迅速察觉，并利用项伯与刘邦的旧情，示意项伯出面制止。项伯勇敢地站出来与项庄对舞，巧妙地掩护了刘邦，使项庄无法得逞。

张良的智慧体现在他对局势、对人心的精准把握上。他深知项伯虽与项羽同族，但与刘邦也有旧情。因此，他巧妙地利用这一点，让项伯成为保护刘邦的关键人物。

刘邦依照张良谋略，对项羽致以歉意，并明确表示自己从未有过称王的野心，虽然机缘巧合之下得以进入咸阳，但他恪守本分，一心只待项羽前来接管关中。至于在函谷关布兵，他解释称此举并非为了阻挠项羽，而是为了避免乱兵滋扰。刘邦这番话，缓和了两人之间的紧张关系，为后续的和平谈判奠定了基础。

张良计成，刘邦脱险。

在张良的精心策划和项伯的勇敢保护下，刘邦成功地从鸿门宴上脱身，避免了一场灾难。鸿门宴事件后，刘邦对张良的智慧与忠诚更加深信不疑。他深知，没有张良的智谋与策略，自己恐怕早已命丧黄泉。张良也因此成为刘邦心中不可或缺的智者与谋士，为刘邦日后的成功立下了汗马功劳。

庸者诘之。

对于团队中那些不求上进、但求无过的人，应该责难他们，督促他们进步。

点评

团队中的每一个成员都承载着推动团队向前发展的责任。

那些不求上进、但求无过的人，他们的消极态度和行为会无形中削弱团队的凝聚力和战斗力。

因此，作为团队的领导者或成员，我们有责任去关注并引导这些人。

责难并不是目的，而是一种手段，旨在唤醒他们的责任感和进取心。

在责难的过程中，我们要注意方式方法，既要表达出我们的不满和期望，又要避免伤害他们的自尊心和积极性。

同时，督促他们进步也是必不可少的。

我们可以通过制定明确的目标，为他们提供必要的支持和帮助，让他们感受到团队的温暖和力量。

在督促的过程中，我们要保持耐心和信心，相信他们有能力改变现状，为团队的发展贡献自己的力量。

乐羊子妻劝学有方

乐羊子妻如何督促丈夫学习?

乐羊子,东汉时期的一位学者,年轻时曾立志求学,以期成就一番事业。然而,在求学的过程中,他常常因为一些琐事而分心,不能持之以恒地钻研学问。一日,他因思念家人而中断学业,返回家中。他的妻子见状,便拿起剪刀走到织布机前,把织了一大半的布给剪断了。乐羊子惊愕地问妻子为何这样做,妻子回答道:"这匹布是我一针一线辛苦织出来的,现在我把它剪断了,它就永远不能成为一匹完整的布了。求学也是这个道理,如果半途而废,你就永远不能成就学问。"

持之以恒,方能成事。

乐羊子虽然有志向,但缺乏坚持和进取心,容易被外界因素所干扰,导致学业半途而废。他的妻子通过剪断织布的举动,形象地告诉他持之以恒的重要性,矫正了他的学习态度。

重新振作,学有所成。

乐羊子被妻子的言行所感动,认识到了自己的错误,决定重新开始求学之路。他克服了种种困难,坚持不懈地钻研学问,最终成为一位有名的学者。乐羊子妻的故事告诉我们:对那些缺乏恒心和进取心的人,要及时给予他们提醒和鼓励,帮助他们认识到自己的不足,激发他们的进取心,督促他们进步。这对现代社会中团队的发展极为重要。

眷人，人眷也。

关爱他人，自然会赢得他人的关爱与眷顾。

点评

念念不忘，终有回响。

与人交往，真挚的关怀宛如细水长流，能悄然无声地滋润着彼此的心田，让我们在慷慨的给予中找寻满足感，在温暖的关爱中汲取力量。

当我们怀揣无私之心，用真情去温暖他人的世界时，那份温情终将如涟漪般扩散，以各种形式回馈于我们，从而构筑起一个充满爱的良性循环体系。

白居易与元稹：文友情深

什么样的友情称得上坚如金石？

唐代大诗人白居易与元稹，两人因文学才华而相识，更因志同道合而成为挚友。他们相互扶持，共同经历了仕途的起伏和人生的坎坷。正如元稹所言，他们的友情"坚如金石"。白居易的母亲离世，元稹虽然自身财力有限，却毫不犹豫地寄出大量钱财，助力经济拮据的白居易操办丧事，所赠金额高达二十万钱。白居易深感其情，作诗以表感激："三寄衣食资，数盈二十万。岂是贪衣食，感君心缱绻。念我口中食，分君身上暖。"后来，他们在长安相聚，与其他友人一同出游。途中行走了二十里，两人始终吟咏不断，旁人连话语都难以插入。

患难与共，情感共鸣。

白居易与元稹不仅在文学上相互切磋，更在生活的点滴中展现了深厚的情谊。面对困境，他们没有选择逃避或疏远，而是更加紧密地站在一起。长庆三年（823），两人均遭贬谪，在杭州重逢，共度了多日的欢聚时光，共叙旧情。之后，他们虽分隔两地，但经常将诗作藏于竹筒中寄给对方，这些作品被称为"诗简"，成为他们友谊的见证。这种患难与共、情感共鸣的交往方式，使得他们的友情愈发坚固，成为后世传颂的佳话。

友情长存，文脉相承。

白居易与元稹的友情，如同他们的诗歌一样，流传千古，历久弥新。他们的作品中，充满了对彼此的思念与赞美，展现了深厚的情感纽带。而他们的友情，也成为后世文人墨客学习的典范，激励人们在人际交往中应更加注重情感的交流与共鸣。

苛人，人苛也。

待人苛刻，最终也会受到他人同样苛刻的对待。

点评

他人对我们的态度，往往如镜子般反映出我们对他人的态度。

苛刻待人，就像用冰冷的利刃去切割彼此之间的关系，最终也必将割伤自己。

只有以真诚和宽容的心去对待每一个人，才能收获同等的温暖与尊重。

秦始皇的暴政与秦朝的速亡

暴政不除，国家何能长久？

秦朝，作为中国历史上首个实现大一统的王朝，在秦始皇的领导下，达到了空前的统一与强盛。然而，秦始皇在位期间所施行的严苛的政策，以及过度的土木工程，例如长城和阿房宫的修建，对民众生活造成了深重的负担，导致民怨四起，为秦朝的短命埋下了隐患。

仁政爱民，以民为本。

如果秦始皇能够采取更为温和的统治方式，减轻百姓的负担，关注民生疾苦，或许能够避免秦朝的速亡。历史上的许多盛世，如文景之治、贞观之治等，都得益于统治者的仁政爱民。

人民揭竿而起，秦朝灭亡。

秦始皇的暴政终于激起了人民的反抗。陈胜、吴广起义后，各地纷纷响应，秦朝的统治迅速瓦解。秦朝的速亡，不仅是因为外部势力的攻击，更是因为内部矛盾的激化。秦始皇的苛政，最终导致天下人的共同反抗，自己亲手建立的王朝也因此覆灭。

译文

原文

君子不发危言。

有德行的人不轻易发表恐吓人心、超越事实或夸大其词的言论。

点评

俗话说："危言耸听，不如无者为真。"

意思是说，那些夸大其词、使人惊恐的话，还不如沉默更接近于真实情况。

在治理国家与应对危机时，言辞的真实性与合理性至关重要。

君子明白，危言如同狂风巨浪，非但不能解决问题，反而可能加剧恐慌与不安。

尤其在历史的关键节点，真实与理性的声音尤为重要，夸大其词的危言往往导致决策失误，为国家和人民带来深重的灾难。

鸦片战争中的危言误导

危言会不会导致战略失误？

鸦片战争爆发后，英军司令义律率军队从广州北上，沿途封锁广州、厦门等处的海口，截断中国的海外贸易。此时，中国沿海地区，除广东在林则徐的督饬下稍作战备外，其余均防备松弛。英舰以惊人的速度直抵天津大沽口外，形势紧迫。道光皇帝派时任直隶总督的琦善赴天津与义律会晤。琦善、穆彰阿、伊里布等朝臣联名向道光皇帝奏报，夸大英军军力，并诬陷林则徐先纵容鸦片贩卖，后反悔禁烟，由此导致英国方面采取战争行动。他们将所有责任归咎于林则徐，并极力主张"罢战言和"，以平息争端。

这些夸大其词的言论严重误导了道光帝的判断，使其错估了战争形势。道光帝在恐惧与不安中，任命琦善为钦差大臣前往广东查办，并在不久后革除了林则徐的职务，让琦善署理相关事务。

冷静分析，避免危言误导。

如果道光帝能够保持冷静与理性，不被危言所蒙蔽，他可能会采取更为积极的措施来应对英军的挑衅。他可能会继续支持林则徐等主战派官员，加强海防，准备应战，而不是轻信和谈能够解决根本问题。

战略失误，国家蒙羞。

由于道光帝误信危言并做了错误的决策，清朝在鸦片战争中遭受了重大的失败。国家尊严受损，领土主权受到侵犯，最终签订了不平等的《南京条约》，开启了近代中国半殖民地半封建社会的序幕。

小人不道真语。

小人常常不说真心话，而是口是心非，善于伪装和欺骗。

点评

真话总是藏在无声处，假话总是躲在有声处。

事实常常如此，假话的声音总是淹没了真话。

小人的存在如同毒瘤，他们为了一己私欲，散布虚假信息，误导决策者，给国家带来严重的危害。

因此，明智之人应当具备辨识并防范这些虚假言论的能力。

黄皓误国，刘禅失察

庸君遇上小人，国家如何不亡？

三国末期，蜀汉政权内部矛盾重重，宦官黄皓凭借刘禅的宠信，逐渐掌握了朝中大权。大将军姜维得知邓艾在边境练兵，同时魏国有大规模军队调动的现象，于是推测魏国会对蜀汉有大规模的军事行动，他立即将情报上报给朝廷。然而，黄皓却以占卜和巫术为幌子，欺骗刘禅，称敌人不会来犯。刘禅在没有深入调查情报真伪的情况下，轻信了黄皓的荒谬之言，错过了加强防御、应对危机的最佳时机。

明辨是非，亲贤远佞。

刘禅对黄皓的信任并非一朝一夕形成的，而是源于两人长期的相互依赖和共同利益。刘禅作为皇帝，在执政初期受到诸葛亮、蒋琬、费祎、董允等贤臣的管教和约束，深感压抑。而黄皓作为他身边的宦官，则不断以甜言蜜语和顺承的行为满足刘禅的虚荣心和私欲。在这样的背景下，刘禅逐渐疏远了贤臣，亲近了黄皓，最终导致了蜀汉的覆灭。

面对黄皓这种不道真语且手握大权的小人，刘禅应当保持清醒的头脑和敏锐的洞察力。他应当广开言路，虚心听取各方意见，尤其是来自前线将领和忠诚的臣子的声音。更重要的是，刘禅应当亲贤远佞，重用那些有才能、有品德的贤臣，摒弃那些只会阿谀奉承、误国误民的小人。只有这样，才能确保国家的长治久安和繁荣昌盛。

国势衰微，遗恨千古。

大将军姜维上奏，恳请刘禅对黄皓处以极刑，然而刘禅并未应允此请。身为蜀汉军队统帅的姜维，亦因惧怕黄皓的权势，选择退避至沓中屯田，此举足见黄皓在朝廷中的权势之盛。然而，需明确指出，蜀汉之衰败，非单一因素所致。刘禅治国无能，民心离散，均使蜀汉处于风雨飘摇之中。姜维之勇，固然难能可贵，但单凭一人之力，难挽蜀汉颓势。同样，仅凭诛杀黄皓一人，也无法挽救蜀汉的危局。然而，蜀汉最终为曹魏所灭，黄皓此等小人在其中起到了催化剂的作用，这一点无可置疑。

说人先说己焉。

在规劝或建议他人之前，应先从自身做起，以身作则。

点评

在说恨铁不成钢之前，先要问问自己是不是钢材。

批评也好，规劝也好，建议也好，不是谁都有资格提出的。

说出的话要想让别人信服并采纳，首要在于我们自身的言行必须保持一致，要树立榜样。

唯有如此，我们的建议方能具备足够的说服力。

因此，在劝导他人之前，我们应当不断地自我反思，确保自身的言行堪称典范，从而更有效地影响他人。

孔子：身教重于言传

如何实现教育目标？

孔子一生致力于教育事业，提倡"有教无类"和"因材施教"。在教导学生的过程中，孔子非常注重自己的言行举止，力求做到以身作则。他常说："其身正，不令而行；其身不正，虽令不从。"有一次，学生子路问他："君子也有忧愁吗？"孔子回答："没有。君子在饮食起居上不追求奢侈，在做事时总是先考虑怎样做更好，然后再说出来。这样，他们的忧愁就会少很多。"孔子通过自身的行为向学生展示了什么是真正的君子风范，从而深刻地影响了他的学生以及后世无数人。

以身作则，身教重于言传。

孔子在教育学生的过程中，首先通过自身的行动为学生树立了榜样，让学生在潜移默化中受到熏陶和感染。这种教育方式比单纯的言语说教更加有效，因为它让学生看到了真正的实践者的表现，从而学生们也更加信服并进行模仿。孔子的故事告诉我们，在影响他人时，我们应该先从自身做起，用实际行动来诠释我们的理念和价值观。

教育目标得以实现。

孔子的教育方式取得了显著的成效。他的学生中，涌现出许多杰出的思想家、政治家和文化名人，他们继承了孔子的思想精髓并将其发扬光大。孔子的教育理念不仅影响了当时的社会风气和文化氛围，更对后世产生了深远的影响。

言与智者，晦也。

与智者交谈，言辞应避免直白，让语意曲折而不显山露水，激发深思与共鸣。

点评

　　隐晦，是精心布置的言辞艺术，表面上看，会让人摸不着头脑，实际上充满深度和内涵。

　　跟智者聊天，你要是直愣愣地把意思都说透了，可能不仅激不起他们心里的涟漪，还会让人觉得你不够深沉。

　　所以啊，聪明人得学会用隐晦的方式，绕着点儿弯子，把想说的意思藏在话里头，得让人家琢磨琢磨才能品出味儿来。

　　这样一来，聊天就变得更有意思了，还能在交谈之间碰撞出智慧的火花来。

庄子与惠子游于濠梁之上

如何与智者探讨？

战国时期，庄子和惠子一块儿在濠水边上游览。庄子看到一群小鱼自在遨游，就随口说了句："看这些小鱼游得多悠闲，它们肯定很快乐！"惠子一听，就较起真来了："你又不是鱼，你怎么知道鱼快乐呢？"庄子笑着反问："那你也不是我，你又怎么知道我不知道鱼快乐呢？"惠子接着说："我不是你，当然不知道你心里怎么想的；但你肯定也不是鱼，所以你不懂鱼的快乐，这是明摆着的啊！"庄子一听，慢悠悠地说："咱们还是回到问题的根本上吧。你刚才问我'你怎么知道鱼快乐'，这话已经说明你默认了我知道鱼快乐，只是好奇我是怎么知道的。其实，我就是在这濠水边上，通过观察感受到了鱼儿的快乐。"

庄子其实没有直接说明他是怎么知道鱼快乐的，他用的是反问的方式，以此隐晦地表达了他的哲学观点，即"物我合一，融通万物"。

寓哲于言，以问代答。

与智者探讨深奥话题时，可以通过巧妙的设问，引导对方深入思考，同时也在问答之间展现自己的智慧与见解。这种方式不仅避免了直接陈述可能带来的片面与肤浅，更能在互动中增进双方对问题的理解。

思想碰撞，智慧交融。

在隐晦而深刻的交流中，双方的思想得以激烈碰撞，智慧得以相互交融。这样不仅能就话题本身进行深入探讨，更能在这一过程中相互启发。这样的交流方式，无疑为智慧的传承与发展注入了新的活力与可能。

谏学

言与愚者，明也。

与愚笨的人交谈，言辞应力求清晰明了，以免误导或加深其困惑。

点评

宁与智者争高下，不跟愚者论短长。

愚笨的人，心思简单，理解能力有限。

与这样的人交谈，言辞的清晰度与直接性显得尤为重要。

复杂或隐晦的表述不仅难以被他们理解，反而可能引发误解，产生沟通障碍。

因此，智者在与愚者交谈时，会刻意选择简单明了的语言，确保信息准确无误地传达给对方，从而达到沟通的目的。

鄙人索马

"秀才"与"兵"如何有效沟通？

孔子带领弟子周游列国，途经某地休息。不料，他的马匹挣脱了束缚，跑到附近的田地里，吃了农夫的庄稼。农夫发现后非常生气，于是把马牵走以示惩罚。孔子的学生子贡一向以能言善辩著称，见此情景便主动请缨前去说服那个农夫。他使出浑身解数，说了很多话，试图解释和辩解，但那个农夫却完全不为所动。这时，一个刚刚跟随孔子学习不久、看似粗俗的人站了出来。他走到农夫面前，用朴素而直接的语言说："您看，您是在东海之滨种地，而我在西方种地，我们的田地虽相隔千山万水，但庄稼长得都差不多，我的马儿怎么分得清哪些是你的庄稼，哪些是我的呢？它不过是无知地吃了几口罢了。"农夫听了这番话，觉得很有道理，于是怒气消了大半，说："要是说话都像你这样清楚明白就好了，哪儿会像之前那个人，说那么多让人听不懂的话。"说完，他就把马还回来了。

孔子看到这一幕，感慨地说："用那些高深莫测的道理去说服他，就像是给野兽准备最丰盛的祭品，或是请飞鸟来聆听美妙的音乐一样，完全不合时宜。这其实是自己的错，而不是对方的错。"

明理为先，言辞朴素。

子贡能说会道，但只有跟文化人交流时才管用。他跟农夫对话，句句不离"子曰""诗云"，希望以理服人，但事与愿违，农夫并不买账。相较之下，那看似粗俗之人一句朴实无华的话语，便成功索回了马匹。可见在说服他人接受意见时，必须以对方能理解且接受的方式阐述，才能立竿见影。

话粗理不粗，马归而人和。

看似粗俗之人要回了马，双方的误解得以消除。他之所以能够成功说服

　　　　　　　　　　　　　　　　　　　　　　　谏学

农夫，是因为他能站在对方的立场上思考问题，用朴素而直接的语言阐述事实，使对方感受到真诚并能够理解自己。同时，他巧妙地运用了对比与类比的手法，将复杂的问题简单化，使农夫一听即明，从而达到有效沟通的目的。

言与敌者，诈也。

在与敌人交涉时，运用诈术是必要的策略。

点评

所谓兵不厌诈，在与敌对峙或谈判的场合中，言语的巧妙运用往往能决定胜负。

诈术并非欺诈，而是智慧的体现，是在不违背原则的前提下，利用信息的不对称和心理战术，使敌方在判断上产生偏差，从而达到我方的战略目的。

曹操抹书间韩遂

敌方将领亲密无间，如何布计？

东汉末年，曹操与马超、韩遂等西凉将领在潼关交战。韩遂与马超是世交，且同为西凉军的重要将领，两人关系紧密，对曹操构成了巨大的威胁。曹操为了瓦解敌方联盟，决定采用诈术离间韩遂与马超。

一日，曹操派人给韩遂送去一封书信，信中故意涂抹多处，仿佛是在匆忙之中所写的，且内容多为无关紧要的家常之语，但字里行间透露出对韩遂的关切与尊重。曹操的用意，在于让马超看到此信后，怀疑韩遂与曹操有私交，从而使他们二人心生嫌隙。

马超看到了这封被涂抹的信，果然对韩遂的忠诚产生了怀疑，两人之间的关系开始变得微妙起来。曹操见计策初见成效，便又故意在阵前与韩遂交谈，言语间表现得非常亲近，仿佛两人是老友重逢。这一幕被马超看在眼里，加深了他对韩遂的猜疑。

伪造书信，巧施离间。

曹操通过伪造一封看似随意却暗藏玄机的书信，以及阵前亲昵的表现，成功地在马超心中种下了怀疑的种子。这种诈术不仅使韩遂与马超之间的关系产生了裂痕，还削弱了西凉军的内部团结，为曹操后续的军事行动创造了有利条件。

马超、韩遂离心，曹操大胜。

曹操利用诈术成功地离间了韩遂与马超，使西凉军内部纷争不断，战斗力大减。最终，曹操在决战中大败西凉军，扩大了自己的势力范围。此故事说明，对敌人使用语言诈术，利用信息不对称和心理战术，可以达到瓦解敌方联盟、削弱其战斗力的目的。

往勿论，来可期也。

过往的经历无须执着，而未来值得期待。

点评

人生短暂，岁月如梭。

过去无论是辉煌还是黯淡，都已成为不可更改的历史。

真正重要的是如何把握现在，面向未来。

面向未来，我们需要有坚定的信念和明确的目标。

信念是我们内心的指南针，它指引我们走向正确的方向；目标则是我们前进的动力，它让我们在追求中不断成长，不断超越自我，实现更高的人生价值。

朱元璋：从乞丐到帝王

如何实现命运的逆转？

明朝的开国皇帝朱元璋，其早年生活充满了艰辛与挑战。自幼失去双亲的他，无依无靠，生活极度贫困，甚至一度沦落到以乞讨为生的地步。在寺庙为僧的日子，也只是为了寻求温饱。然而，这些常人难以想象的艰难经历，并未将他击垮，反而像一把磨刀石，不断磨砺他的意志，激发了他对美好生活的强烈渴望与不懈追求。

逆境中奋起，展望未来。

朱元璋的故事是逆境中奋起的生动典范。他深知自己"寒微起步"的艰难，却从未放弃对美好未来的憧憬和追求。在元末农民起义的浪潮中，他毅然决然地投身其中，凭借过人的胆识与智慧，逐渐在起义军中崭露头角。他勇于面对现实的残酷，积极寻求改变命运的机会。同时，他展现出非凡的智慧与勇气，能够在复杂的政治局势中做出正确的决策，不断壮大自己的力量。

赢得天下，光耀千秋。

朱元璋成为起义军的一方领袖后，广开言路，吸纳贤能之士，为他的霸业奠定了坚实的基础。在长期的征战与治理中，他不断学习、不断进步，逐渐展现出卓越的领导才能和治国智慧。最终，他成功地推翻了元朝腐朽的统治，建立了明朝，实现了从乞丐到帝王的惊人蜕变。虽然朱元璋在治国和处理功臣问题上存在一些争议，但这丝毫不影响他是我国历史上一位极具传奇色彩的帝王。他的故事激励着一代又一代人在逆境中奋起，勇往直前，追求自己的梦想。

原文

事勿责，理必知也。

译文

在处理事务时，不应一味责备他人，而应深入理解其中的道理。

点评

在管理或与他人合作的过程中，面对问题和错误，责备往往只会加剧矛盾，影响团队和谐与团队的工作效率。

真正的智慧在于探究问题的根源，理解其背后的逻辑与道理，从而找到有效的解决方案。

我们只有以理服人、以事实为依据，才能赢得他人的尊重与信任，共同推动事情往前发展。

诸葛亮七擒孟获：
以德服人，以理治乱

如何让强敌心悦诚服？

三国时期，蜀汉丞相诸葛亮为了平定南中地区的叛乱，采取了独特的策略。南中地区的首领孟获多次与蜀汉军队交战，但都被诸葛亮所擒。然而，诸葛亮并没有简单地将其处决或囚禁，而是采取了"七擒七纵"的策略，每次擒获后都放他回去，并耐心解释自己的政策与用意。

通过七次交锋，孟获终于被诸葛亮的诚意与智慧打动，他深刻理解了蜀汉的治国理念及其对南中地区的善意，于是心悦诚服地归降了蜀汉。诸葛亮也因此成功地平定了南中地区的叛乱，为蜀汉的稳定与发展奠定了坚实的基础。

以德服人，以理治乱。

诸葛亮在处理南中地区的问题时，没有采取简单粗暴的镇压手段，而是通过言辞与实际行动耐心地感化孟获。他通过七擒七纵的策略，让孟获在亲身体验中理解了蜀汉的治理理念与自己的过失。这种以德服人、以理治乱的方式不仅赢得了孟获的尊重与信任，也成功地实现了南中地区的长治久安。

南中平定，蜀汉强盛。

在诸葛亮智慧的治理下，南中地区逐渐稳定下来，成为蜀汉重要的后方基地。这一成就不仅增强了蜀汉的国力与影响力，也为后世的边疆治理提供了宝贵的经验。诸葛亮七擒孟获的故事告诉我们：只有以理服人、以德治人时，才能赢得他人的尊重与信任，共同推动事情的发展。

道以直焉。

大道以正直的道理教育人，引导人们走正义之路。

点评

做人处事要内直而外圆，内直是原则，外圆是通达。

在中国文化中，直与圆、刚与柔，犹如阴阳两极，相互依存，共同演绎着世间的和谐与平衡。

正直之道，如巍巍山岳，坚定不移；而圆融之智，则如潺潺流水，顺势而为。

两者相辅相成，共同构筑了中华民族独特的处世哲学。

海瑞：直道与圆融的完美演绎

如何坚守正道？

明朝嘉靖时期，海瑞以他刚正不阿、清廉自律的品性而名扬四海。海瑞的首个公职为福建南平教谕，彼时他已然年近四十。某次，延平府御史巡视南平县，按例需至孔庙行香朝典，海瑞携同两名教谕早早等候于孔庙。

当御史进入孔庙时，两位教谕皆跪地相迎，然而海瑞却选择站立，仅作揖以示敬意。此种场景形成鲜明的对比，两侧的教谕伏地如弓，海瑞则独自挺立，犹如笔架之状，由此，大家便笑称海瑞为"笔架博士"。

御史大人见海瑞如此不守规矩，大为震怒，训斥其不懂礼节。海瑞则保持镇定，回应道："在御史大人的衙门中，自当遵循部属之礼，但此学堂乃教师传道授业之地，无须屈身行礼。"面对如此固执且坚持原则的下属，御史大人虽怒不可遏，却也无可奈何。

然而，御史大人并未就此罢休，他处处设置障碍，为难海瑞。为此，海瑞深感愤怒，遂提交辞呈，欲辞去公职。得知此事的朱衡立即劝诫海瑞：切勿因一时之气而轻率离职，面对小小挫折便负气离去，难以经受磨砺，又如何能实现自己的政治抱负？

此事让海瑞意识到，在风气不正的官场中，仅凭正直与勇气是远远不够的，还需运用智慧，以智取胜。

直中有圆，刚柔并济。

有一次，左副都御史鄢懋卿南下巡盐，沿途的官吏自然不会放过这个攀附的机会，纷纷竭尽所能地接待他。深知官场风气的鄢御史，为了展现清廉的形象，特地发布告示："本官生性简朴，不喜铺张。沿途的饮食与住宿，皆应以简朴为主，切勿过于奢华，以免侵扰百姓。"然而，尽管他如此声明，鄢御史的庞大队伍所到之处，仍旧如同狂风扫过一般，令人咋舌。

当海瑞得知鄢御史即将抵达他任职的淳安县时，内心焦虑不已。淳安县财政紧张，难以承担如此高昂的接待费用。要是简单接待呢，又怕被斥责怠慢。思前想后，海瑞计上心头，他马上写了一封信，命人快马送给鄢御史。信中写道："您乃天下廉官的楷模，每到一地皆轻车简从，从不增加地方负担。但近日却有谣言，称您每到一地皆设宴款待，每席耗费三四百两银子，供帐华丽至极，甚至连如厕之物也采用银制。这让我倍感困惑，不知真伪，请您明示，以便我做好接待准备。"

此信如同一记耳光，打得鄢御史哑口无言，他不得不做出解释，并称赞海瑞几句，然后借口公务繁忙，绕道而行。

直道彰显，美名传世。

海瑞的事迹在民间广为传颂，"海青天"的美誉流传千古。他在坚守正直之道的同时，能够灵活运用圆融的智慧化解困境、应对挑战。而在运用智慧之时，他又始终不忘初心、坚守原则。这种直中有圆、刚柔并济的处世哲学，不仅让他在复杂多变的官场环境中立于不败之地，更为后世留下了宝贵的精神财富，成为后世的道德标杆。

术以诡焉。

在封建专制时代，权术家常常依靠诡计来愚弄世人。

点评

在封建专制时代，居上位者摆弄权术，并不受他人指责，但无论其形式如何变化，其本质往往是损人不利己的。

在大多数情况下，权术并不会为世人带来福祉。

权术家们擅长利用人性的弱点，如贪婪、恐惧等，来制造矛盾和冲突，以巩固自己的地位。

他们通过分化瓦解敌对势力，拉拢亲信，构建自己的权力网络，使得整个社会都在他们的统治之下。

然而作为政治斗争的必要手段，权术虽然经常被批评为不道德的，但在特定情景下，它也能成为扭转局势的良策。

而在现代，我们必须以批判与辨证的视角来审视权术思想，在运用权术的同时，注重道德和正义，避免沦为物欲的工具。

康熙智擒鳌拜

权臣在侧，如何整顿朝纲？

清朝初年，年幼的康熙皇帝继位，面对朝中权臣鳌拜的专横跋扈，他深知直接对抗绝非易事，可能引发朝廷动荡。于是，康熙皇帝决定运用诡术，暗中布局，以图一举擒获鳌拜。

康熙皇帝表面上对鳌拜表现出极大的尊重与顺从，甚至经常向他请教国事，以此麻痹鳌拜的警惕心。同时，他秘密挑选了一批忠诚可靠、年轻力壮的侍卫进行严格训练，准备在关键时刻行动。此外，康熙还通过一系列细微的举措，拉拢与鳌拜敌对或有竞争关系的政治势力，使其孤立无援。

终于，在一切准备就绪后，康熙皇帝借召见鳌拜之机，命早已埋伏好的侍卫一拥而上，将鳌拜制伏在地。整个过程迅速而有序，未引起任何大的动荡。鳌拜被擒后，康熙皇帝迅速稳定朝局，并开始了他的亲政生涯。

表面顺从，暗中布局。

康熙皇帝在面对权臣鳌拜的威胁时，没有选择直接对抗，而是采取了表面顺从、暗中布局的策略。他通过麻痹敌人的警惕心、削弱其势力、秘密训练侍卫等手段，为最终的行动做好了充分的准备。

鳌拜伏法，朝局稳定。

在康熙皇帝的精心策划下，鳌拜最终被成功擒获并伏法。这一行动不仅消除了朝中最大的威胁，也为康熙皇帝的亲政生涯奠定了坚实的基础。同时，由于整个过程处理得极为谨慎和周密，朝局并未因此产生大的动荡和混乱。

上必称义。

身处上位者，应当始终宣扬并践行道义。

点评

孔子说，君子看重的是道义。

义，不仅是对领导者道德品质的期许，更是社会稳定与公正的基石。

权力与责任并行，身居高位者，其一言一行，皆能影响社会风气，因此，他们必须时刻以道义为准则，引领社会向善。

一个领导者若能时刻以道义为准则，行事光明磊落，自然能赢得民众的信赖和尊重；反之，若言行不一，背弃道义，终将失去民心，甚至导致国家的衰败。

曹操割发代首

将军违令，理当何为？

三国时期，曹操作为曹魏政权的奠基人，以其卓越的军事才能和治国方略著称。然而，他更为人称道的是其严于律己、以身作则的品德。一次行军途中，曹操为了维护民众的利益，确保军队不扰民，颁布了一道军令："行军途中，不得践踏农田，违者斩首。"然而一天，曹操骑马经过一片农田边缘，不料坐骑突然受惊，失控之下踏入了农田之中。这一幕，恰好被周围的士兵看在眼里，他们面面相觑——连主公都违反了军令，那他们这些下属又该如何是好？面对这一突发情况，曹操并未以权势压人，更没有选择逃避责任。他深知，作为上位者，自己的一言一行都将影响到整个军队的士气与纪律。因此，他环视四周，然后沉声说道："我身为全军统帅，却不慎违反了军令，实乃罪不可恕。然军法如山，不可不遵。今日，我愿割发代首，以儆效尤！"

言罢，曹操便命人取来刀剪，亲手将自己的头发割下一段，以示对自己的惩罚和对军令的尊重。这一举动，让在场的所有将士都为之动容。他们看到，即便是高高在上的主公，也能如此严于律己、以身作则，不禁心生敬意。

自我约束，以身作则。

曹操的这一举动，正是"上必称义"的生动体现。他遵循道义，颁布了行军不犯民的军令，也没有因为自己是领导者就凌驾于军令之上，而是严格要求自己，以实际行动诠释了道义的分量。

军纪严明，民心所向。

曹操割发代首的事件迅速在军队中传开，成为一段佳话。它不仅极大地

谏学

提升了军队的纪律性和战斗力，还使得士兵们更加信服曹操的领导。同时，这一事件也传遍民间，为曹操赢得了广大百姓的赞誉和支持。人们纷纷称赞曹操是一位讲道义、守纪律的明君，这为他统一北方的事业打下了坚实的群众基础。

下必言忠。

下属向上级表达意见时，必须言明自己心怀忠诚。

点评

忠诚需要完完全全的真实——真实的自我，真实的表达。

当下级能够真诚地表达并坚定地践行自己的忠诚时，他们才能赢得上级的信任。

当然，有些时候，面对昏庸无能的上级，忠诚时常会被辜负，但这并不意味着忠诚本身失去了意义。

忠诚是一种品质，一种对自己所信仰和追求的事物的坚守和执着。

即使在面对不公和挫折时，忠诚依然是我们内心的定海神针，让我们能够坚定信念，不放弃、不抛弃。

忠诚需要时间的检验和岁月的沉淀，当我们真心实意地为组织和社会付出时，我们的忠诚终会得到认可和尊重。

谏学

岳飞精忠报国

乱世的忠诚何其可贵！

南宋时期，国家面临外敌的侵略和内政的动荡。岳飞作为一位杰出的将领，他深知国家危难，毅然决然地投身到保卫国家的战斗中。他多次上书朝廷，提出抗击外敌、振兴国家的策略，并亲自率领军队在前线英勇作战。然而，由于朝廷内部的腐败和权臣的排挤，岳飞的忠诚和努力并未得到应有的认可和支持。

忠贞傲骨，以身许国。

面对朝廷的不公，岳飞没有选择背叛或放弃。他坚守忠诚和信念，继续为国家的兴亡而奋斗。然而，由于皇帝的昏庸和权臣的陷害，岳飞最终被冤杀。他的《满江红》等诗词作品，表达了他对国家深沉的爱和对民族命运的忧虑。

永载史册，激励后人。

虽然岳飞未能亲眼见证国家的复兴，但他的忠诚和英勇却永远地留在了人们的心中，成为后世传颂的佳话。他的精神是中华民族的宝贵财富，永远激励着后人。

强必表善。

强者一定要表现出善意。

点评

善良是一种主动的选择，而非被动的接受。

善良的门槛其实很高，它只属于那些真正的强者。

强者未必善良，但善良的人，必定是强者。

这种强，体现在他们内心的宽厚与包容上。

面对他人的无心之过，善良的人不会选择斤斤计较，而是用一颗宽容的心去谅解，去给予对方改过的机会。

这种宽容与谅解，并非软弱可欺，而是源于内心深处的自信与笃定。

善良的人之所以是强者，是因为他们拥有一种深藏于内在的、不可动摇的力量。

这种力量，让他们在面对困难和挑战时，能够保持冷静与理智，在面对诱惑和欲望时，能够坚守自己的底线与原则。

楚庄王绝缨之宴

强者被冒犯应如何应对？

春秋时期，诸侯纷争，战火连绵。楚庄王在一次成功平定叛乱后，设宴款待群臣，连同他宠爱的嫔妃也都出席，为宴会增添了几分欢乐。宴会上，丝竹之声悠扬，轻歌曼舞翩跹，美酒佳肴令人陶醉，觥筹交错间，欢乐的气氛持续至黄昏仍未消退。

楚王兴致高涨，遂命人点燃蜡烛，继续夜宴。他还特意让最宠爱的两个美人——许姬和麦姬，轮流向文臣武将们敬酒。然而，就在此时，一阵疾风吹过，宴会上的蜡烛尽皆熄灭。在这黑暗之中，一位官员竟斗胆拉住了许姬的玉手，许姬在挣脱之际，撕断了衣袖，并扯下了那人帽子上的缨带。

许姬回到楚庄王面前，将此事告之楚庄王，请求楚庄王点亮蜡烛，查看众人的帽缨，以便找出那位无礼之人。

表现善意，化解矛盾。

楚庄王在听完汇报后，并未急于点燃蜡烛，而是高声宣布："今日寡人设宴，意在与众卿同欢共饮，务求尽兴而归。为使大家更加无拘束，寡人提议，诸位皆可摘下帽缨，以展真性情，共饮佳酿。"闻言，众人纷纷遵从，摘下帽缨，随后蜡烛才被点燃，君臣间把酒言欢，直至深夜才尽兴而散。

宴会结束后，许姬对楚庄王未为她出气感到疑惑。楚庄王解释道："此次宴会，意在加深君臣之间的情谊，共享欢乐时光。酒后失态，本是人之常情，若因此而加以责罚，岂不是破坏了这难得的和谐氛围？"许姬听后，方才领悟楚庄王的深意。

忠诚汇聚，国家昌盛。

三年后，楚国发生战事，一名英勇的战将主动率领部下先行开辟战场。

这位战将拼尽全力，奋勇杀敌，大败敌军。战后，楚庄王论功行赏，才得知这位英勇的战将名叫唐狡。然而，他却表示拒绝任何赏赐，并坦承自己正是三年前宴会上那个无礼之人，此次行动全为报答楚庄王三年前的不究之恩。

若非那场绝缨之宴上楚庄王展现出的宽容与仁慈，唐狡或许早已遭受严惩，楚国伐郑之战的结果便也难以预料，楚庄王的春秋大业或许也将因此受到影响。真正的强者，不仅需要拥有强大的力量和威严的形象，更应在关键时刻展现出善意，用宽容与智慧化解矛盾、凝聚人心。

弱必显勇。

弱者一定要显示出勇猛。

点评

这个世界没有退路可言，弱者唯有奋勇直前，才有生存的机会。

然而，勇猛并非单纯的力量展现，而是一种在逆境中不屈不挠、勇于挑战的精神状态。

它超越了体能的界限，是心灵深处对胜利的渴望和对自我超越的追求。

项羽破釜沉舟

以弱遇强，如何逆转局势？

公元前 208 年，秦将章邯在成功平定陈胜、吴广起义后，继续推进并攻克了邯郸。随后，反秦武装的赵王歇与张耳在军事压力下，被迫撤退至巨鹿，陷入秦将王离率领的二十万大军的重重包围之中。章邯则率领二十万大军屯驻于巨鹿以南数里的棘原，与王离合围了反秦武装。与此同时，赵将陈余率数万军队驻扎在巨鹿以北，却因兵力悬殊而不敢贸然救援。楚怀王任命宋义为上将军、项羽为副将，带领二十万人马赶去救援赵国。宋义领兵到安阳后，连续四十六天都不进攻。这让项羽很生气，就去跟宋义说："秦军把巨鹿围得水泄不通，情况紧急，我们赶紧渡河过去，和赵军一起两面夹攻，一定能打败秦军。"宋义害怕秦军，不敢发兵，项羽趁朝会的时候，拔出剑来把宋义杀了。他提了宋义的头，对将士说："宋义背叛怀王，我奉怀王的命令，已经把他处死了。"于是将士们拥护项羽为上将军。

随后，项羽率所有军队悉数渡过黄河，前去营救赵国，以解巨鹿之围。当时，楚军相较秦军，人数、装备、粮草均处于明显劣势。

背水一战，决死冲锋。

面对如此不利的局面，项羽做出了一个惊人的决定。他命令士兵打破炊具、凿沉渡船，只携带三天的干粮，表示此战有进无退，不胜则死。他通过这一极端举措，彻底激发了士兵们的求生欲望和战斗意志。全军上下同仇敌忾，士气高涨，以一当十，向秦军发起了决一死战的冲锋。

大破秦军，威震诸侯。

在惊心动魄的交锋中，楚军以背水一战的决绝姿态，大败秦军，秦军的主将，有的命丧沙场，有的沦为俘虏，有的则选择了投降。这一战役不仅成功解除了巨鹿之围，更将秦军的气势彻底打垮。同时，这也使项羽的声望达到了前所未有的高度，项羽的威名远播，震撼了诸侯。此战之后仅两年，秦朝便走向了覆灭。

项羽以破釜沉舟向世人昭示：真正的勇猛，往往是在绝境中绽放的决绝与坚定。在兵力悬殊的不利局势下，项羽这一壮举不仅为他赢得了战场上的辉煌胜利，更赢得了后世无尽的敬仰与长久的传颂。

未定之事少言。

对于尚未明确的事情，应谨慎少言。

点评

世事多变，许多事情在尘埃落定之前，往往充满了变数。

一个有智慧的人，面对那些尚在发展的事物或局面，他会选择保持沉默，即便环境逼迫他必须表态，他也会谨慎地表达观点。

因为他知道，过早地表态可能会影响事态的发展，甚至引火烧身。

在不确定中保持审慎，不仅是一种处世的智慧，更是一种修养的体现。

它要求我们在面对未知时，能够静下心来，深入分析，而不是急于表态或传播未经证实的消息。

相反，那些喜欢对未定之事大肆评论、随意猜测的人，往往显得轻浮且不负责任，可能加剧混乱和恐慌。

这种人，不堪大任。

"九龙夺嫡"中沉默的智者

身处权力的旋涡中如何自保？

清朝康熙年间，皇太子二阿哥胤礽因骄纵、蛮横并结党营私被康熙帝废黜。之后众多阿哥开始觊觎皇位，皇位之争如火如荼，史载为"九龙夺嫡"。

大阿哥胤禔，作为康熙帝的庶长子，历来不讨康熙帝喜爱。在自知无望成为储君之后，他向康熙帝提议立八阿哥胤禩为太子。其依据是术士张明德曾为胤禩相面，预言其必将显贵，并声称要替父诛除胤礽。这一行为令康熙帝深感痛心，并对胤禩严加防范，同时严厉训斥了胤禔。此后，三阿哥胤祉揭露了胤禔利用巫术诅咒加害胤礽的阴谋。鉴于此，康熙帝决定对胤禔实施圈禁。同时，由于胤禩被揭发与胤禔勾结，康熙帝亦对其产生了强烈的反感情绪，遂将其关押，但随后又予以释放。

康熙帝眼见皇子们为皇位争得不可开交，便再立胤礽为皇太子。可惜胤礽再度勾连大臣结党营私，康熙帝只好再次下诏废黜皇太子。

此时，八阿哥胤禩转而支持十四阿哥胤禵，在朝内形成了八爷党，许多大臣、皇子纷纷附庸。在众多皇子中，唯一能跟八阿哥对抗的，只有四阿哥胤禛，即日后的雍正帝。四阿哥性格内敛、行事低调，虽然能力不错，但常被外界忽视，许多大臣都不看好他，因此四爷党的力量相对处于劣势。

静观其变，谨慎行事。

在"九龙夺嫡"这场波谲云诡的权力斗争中，不少大臣和皇子因为过早表露立场或言辞失当而遭遇重创。然而，时任吏部侍郎的张廷玉却如磐石般，屹立不动，也始终未发一言。面对皇位的激烈争夺，张廷玉深知其中的复杂与危险。他没有轻易加入任何一方的势力，也没有对任何一位皇子的继位前景发表过明确的评论。相反，他选择了静观其变、谨慎行事。他深知，在皇位未定之前，任何言论都可能成为被他人攻击的把柄。

成为雍正心腹，仕途顺畅。

雍正帝即位后，对张廷玉的谨慎与忠诚给予了高度评价。他任命张廷玉为户部尚书，并对其多次委以重任。张廷玉凭借自己的才华与努力，在雍正朝期间取得了卓越的政绩，并成了一代名相。

张廷玉的故事告诉我们：在面对未定之事时，少言并谨慎行事是一种难能可贵的品质。它不仅能让我们避免陷入不必要的纷争与危险之中，还能让我们在关键时刻赢得他人的信任与尊重。

难言之秘勿测。

别人藏在心里的秘密，往往深不可测，不可轻易窥探。

点评

每个人都有不为人知的秘密，其中不乏难以启齿、深藏不露的隐私。

秘密，作为人心深处的一道防线，往往蕴含着复杂的情感与不可告人的动机。

历史上无数事件证明，人们要约束自己，不去猜测别人的秘密，免得给自己带来灾难。

蓝玉之祸——秘辛引发的风暴

权欲之下，人心何其难测？

朱元璋建立明朝后，深感百官之中存在潜在的威胁，为加强皇权控制，他设立了锦衣卫，使其成为皇帝的耳目，负责监视朝臣的言行，甚至在暗中窥探大臣们的隐私。朱元璋通过这些情报，能够迅速掌握朝臣的动态，做出相应决策。然而，随着时间的推移，锦衣卫的权力逐渐膨胀，其滥用职权、陷害忠良的行为也日益增多。

到了晚年，朱元璋对功臣的猜忌日益加深，尤其是对大将蓝玉。蓝玉战功赫赫，却因性格桀骜不驯，引发朱元璋的深深忧虑。尤其是太子朱标死后，朱元璋有意让皇孙朱允炆接班，更担心朱允炆将来压不住蓝玉。

广开言路，信任臣子。

为了掌握蓝玉的一举一动，朱元璋密令锦衣卫严密监视，企图从蓝玉的日常生活中发现其不轨之处，加以打压。锦衣卫不断给朱元璋密报：有说蓝玉自恃功高，跟人发牢骚嫌弃官小的，有说蓝玉跟元妃有染的，也有说蓝玉府中深夜仍有宾客来访，且言谈中涉及军国大事的。朱元璋大怒，认为蓝玉意图谋反，随即下令逮捕蓝玉及其党羽。虽然除了那些密报，朱元璋并没有掌握蓝玉谋反的真凭实据。但这些秘密已如同针一样扎进他的心里，他不杀蓝玉难以释怀。蓝玉之死是冤案还是罪有应得，后世已无从得知，但朱元璋的猜忌之心无疑在朝中掀起了一股巨大的风暴。

无数历史事实证明，真正的治国之道在于广开言路、信任臣子，而非通过窥探秘辛、打压异己来维持统治。如果朱元璋能够懂得其中的道理，或许他那些臣子便不会因为莫须有的罪名而含冤九泉，朝堂之上，亦能汇聚更多贤能之士，共谋国是。

　　　　　　　　　　　　　　　　　　　　　　　　　　　　谏学

权力斗争，政局动荡。

蓝玉之祸牵连甚广，更在朝堂上掀起了一场信任危机。大臣们人人自危，担心自己的言行也被无端揣测，整个朝廷陷入猜忌与恐惧之中。此外，朱元璋残酷的手段也让不少将领心生寒意，对皇权的忠诚大打折扣。明朝初期的政治生态因此遭到了严重的破坏，为后来政局的动荡埋下了伏笔。难言之秘，一旦成为权力斗争的工具，便如同脱缰的野马，难以控制。朱元璋对蓝玉的窥探与打压，不仅未能巩固皇权，反而加剧了帝国的动荡。

历史的车轮滚滚向前，每一代帝王都在这条路上留下了自己的足迹。朱元璋的功过是非，早已成为后世评说的材料，但若能从中汲取教训，那么，这不仅是对历史的尊重，更是对未来的一份期许。毕竟，国家的长治久安与人民的安居乐业，才是每一位统治者应当追求的。

大处惟争。

在重大的原则和立场上，我们必须坚决争取，绝不妥协退让。

点评

大事、难事看担当，在关乎道德、正义、国家与民族利益的大问题上，我们必须挺身而出，坚守原则，勇于斗争。

这不仅是对个人品格的考验，更是对社会责任担当的重要体现。

坚守底线，拒签辱国条约

外侮当前，如何抉择？

杨儒，清朝末年杰出的外交官，曾任驻俄国公使。1901年，杨儒到任俄国不久，便面临着沙俄对我国东北的严重侵略。沙俄以镇压义和团为借口，不仅占领了东北大片土地，还企图通过外交手段迫使中国承认其在东北的特权。面对这一严峻形势，杨儒没有选择退缩或妥协，而是毅然决然地站在了捍卫国家利益的最前线。

坚守底线，宁死不屈。

在谈判桌前，杨儒面对沙俄的强势与胁迫，始终保持着清醒的头脑和坚定不移的立场。他深知，一旦在沙俄提出的侵占我国东北的条约上签字，便意味着国家的领土完整和民族尊严将遭受严重的践踏。面对俄国人的威胁——"条约文本已由沙皇批准，一字不能改。你若不签字，谈判便无以为继，俄中两国的'友好'也将荡然无存"，杨儒毫不畏惧，他坚决地回应："我宁愿与你们决裂，宁愿承受本国政府的责罚，也绝对不会在这份条约上签字！我绝对不会出卖祖国的权益。"

俄国代表随后试图以虚伪的安慰动摇他："你们的政府已赋予你权力，若因此产生问题，责任并不在你。你签字，贵国政府若责罚你，我们俄国将为你提供庇护。"杨儒闻言愤怒地反驳："我身为中国的官员，怎会寻求你们的庇护？那将是我莫大的耻辱！我岂会做出这等事？"

因年事已高，杨儒在一次谈判返回的途中不慎在雪地上滑倒，摔成重伤，一病不起。即使在这样的困境下，他依然坚守自己的信念，决不屈服于俄国的压力。

不辱使命，名垂青史。

　　杨儒坚决的态度让沙俄代表感到震惊与无奈，他们试图用各种手段来诱使或逼迫杨儒就范，但都以失败告终。杨儒的坚持不仅赢得了国内民众的广泛赞誉，也在国际上树立了中国外交官的良好形象。在杨儒的坚持和全国人民的声援下，清朝政府最终拒绝了沙俄的无理要求，没有在侵占东北的条约上签字。这一胜利不仅维护了国家的领土完整和民族尊严，也极大地提振了中国人民的爱国热情与自信心。

小处惟让矣。

在小事小情之处，应该懂得谦让。

点评

忍一时风平浪静，退一步海阔天空。

在小事情上，不必事事争强好胜，而应懂得适时退让，以和为贵。

这种让，不是软弱，而是一种力量的体现，它能化解矛盾，增进友谊，使人际关系更加和谐融洽。

人生的大局不会因一时的得失而改变。

相反，过度地争强好胜只会让人疲惫不堪，甚至可能因小失大。

六尺巷的故事

邻里之争，何以解忧？

清朝康熙年间，大学士张英（名相张廷玉的父亲）老家的府第与吴姓邻居因宅基地问题发生纠纷。张家人修书一封，希望张英能利用职权干预此事。然而，张英却回了一首诗："一纸书来只为墙，让他三尺又何妨。长城万里今犹存，不见当年秦始皇。"张家人读后，深感惭愧，主动让出三尺地。吴姓邻居见状，也深受感动，同样让出三尺地。于是，两家之间就形成了一条六尺宽的巷子，被后人称为"六尺巷"。

以退为进，以让求和。

张英的这首诗，不仅展现了他高风亮节、宽厚待人的品质，更体现了他在处理问题时所展现出的智慧与远见。他没有选择利用职权强行干预，而是以一种平和、宽容的态度，引导家人主动让步。这种以退为进、以让求和的策略，不仅化解了邻里之间的矛盾，还赢得了后人的尊敬与赞誉。

六尺街巷，传为佳话。

六尺巷的故事流传至今，成为一段佳话。它告诉我们，在与人相处时，不必斤斤计较，更不必争强好胜。有时候，一个小小的让步，就能换来一份和谐与安宁。这种智慧与品质，值得我们每个人去学习和传承。

　　　　　　　　　　　　　　　　　　　　　　　　　　　谏学

智者不以言能。

真正的智者并不以言辞的华丽或能言善辩为能。

点评

卡耐基说："在争论中获胜的唯一方式，就是避免争论。"

在工作、生活中，我们经常遇到一些人，他们热衷于挑起争论，并在言辞上碾压他人，始终保持一种不服输的姿态，自以为聪明非凡。

然而，聪明与智慧并非同一概念，聪明的人未必就是智者。

智者的智慧源自其敏锐的觉察力和超脱的境界。

争论往往只能分出表面的输赢，而非真正的沟通与解决之道。

因此，智者更倾向于以静默取代争论，从而保持内心的平和与洞察力。

智慧是深入骨髓的理解和意识，远非口舌之争所能涵盖的。

而争论，更多时候是在追求胜利的荣耀，而非对真理的体悟。

智者明了这一切，因此他们选择超越争论的桎梏，追求更深层次的理解与智慧。

韩信请王

下级恃功僭越，如何处置？

公元前 203 年，正值刘邦与项羽争霸的紧要关头，韩信以雷霆之势收复了混乱的三齐之地。随后，他向刘邦呈上一封书信，言明齐国局势不稳，百姓心意难测。鉴于此，他恳请刘邦册封他为假齐王，也就是代理齐王，以稳定这一地区的局势。

当时，刘邦正深陷项羽军队的围困之中，于荥泽之地焦急等待韩信的援军。然而，他等来的并非期盼中的援军，而是韩信的信件。刘邦览信后勃然大怒，拍案而起，厉声斥责："我身陷囹圄，日夜期盼你的救援，你却置我于不顾，竟欲自立为王！"

然而，在张良和陈平机智的提醒下，刘邦迅速冷静下来，转而改口道："大丈夫平定诸侯，自当成为真正的王者，何须假借他人之名？速速铸印，立韩信为齐王！"

不辩对错，稳住军心。

刘邦派张良抵达齐国，正式封韩信为齐王。自此，韩信虽然在军权上还受刘邦调遣，但身份已经是跟刘邦平起平坐的诸侯王了。不同的是，刘邦是诸侯盟主，韩信只是诸侯之一。以韩信的功劳，项羽早就多次派人游说他自立为王，与项羽、刘邦三分天下。韩信念及刘邦的知遇之恩，向他要个齐王也不算过分。可韩信选的时机不对，刘邦深陷危机，对韩信的援助翘首以盼，却等来了韩信封王的请求，这无疑使刘邦心中备感不悦。可以说，自那时起，刘邦对韩信就产生了杀心。然而，刘邦乃胸怀大略之人，他知道，以他的能力，是打不过项羽的，若不满足韩信的要求，一旦韩信倒戈相向，与项羽联手，或自立门户，汉军的前途将岌岌可危。因此，刘邦冷静下来，明白此刻

谏学

并非争论对错的时候，唯有沉默妥协才是明智之举。

登上宝座，清除隐患。

刘邦以迅捷而明智的决策稳定了局面，确保韩信继续为他所用，最终战胜了项羽，奠定了汉家江山的基石。然而，尽管韩信一度风光无限，却终究未能挣脱刘邦的精心布局。汉朝初立，刘邦便巧妙地收回了韩信的兵权，并赐予他楚王的封号。然而，仅过一年，刘邦便以谋反之名，将楚王韩信贬为淮阴侯，更将其软禁于长安，彻底将这位昔日名将置于自己的掌控之下。

这个故事告诉我们：对别人无理的要求忍气吞声并非懦弱，真正的智者从不在争辩中彰显自己的能力。只有懂得变通，从实际利益出发，才能立于不败之地。

贤者不以名重。

真正的贤者并不以名声的显赫或地位的崇高为重。

点评

大千世界，利来利往。

凡人看重名利，也困于名利。

声名的显赫与地位的崇高，庸人视其为成功的标志，然而贤者却超脱于世俗名利，他们深知名利不过是梦幻泡影，转瞬即逝。

滚滚长江东逝水，浪花淘尽英雄，古今多少事，都付笑谈中，唯有思想永载史册。

故而，贤者追求的是永恒的价值，而非短暂的荣耀。

他们不会因为一时的成就而沾沾自喜，也不会因为外界的赞誉而迷失自我。

他们始终保持一颗平常心，以坚定的步伐走在追求真理与智慧的道路上。

这种超脱与淡泊，正是贤者所独有的魅力与风范。

陶渊明归隐田园

在物欲横流的社会中，如何保持内心的纯净？

东晋时期，陶渊明面对官场的黑暗与腐败，毅然选择归隐田园。他放弃了高官厚禄的诱惑，选择了一条少有人走的路——回归自然，与山水为伴，以耕作为生。陶渊明在田园生活中找到了内心的宁静与自由，他用自己的笔触描绘出一幅幅充满诗意与哲思的田园风光图。

超脱世俗，追求真我。

陶渊明在归隐后，并未因为失去名利而沮丧，反而更加珍惜这份难得的宁静与自由。他通过自己的诗作，表达了对自然与人生的深刻感悟，展现了一位贤者的豁达与超脱。他追求的是内心的纯净与自由，而非外界的喧嚣与浮躁。正是这种对真我的执着追求，使得陶渊明成为后世敬仰的楷模。

遗世独立，影响深远。

陶渊明虽然选择了归隐，但他的名字与诗作却流传千古，影响了一代又一代的文人墨客。他的田园诗不仅是对自然美景的赞美，更是对人性本质的深刻挖掘与反思。陶渊明本人也成了后世追求精神自由与独立人格的典范。

恶者不以诚止。

真正邪恶的人不会因为别人的劝诫而停止作恶。

点评

法国作家莫里哀说过："恶人也许会死去，但恶意却永远不会绝迹。"

那些深陷恶行而不自知或明知故犯的人，往往对道德规劝和法律警告置若罔闻，他们的内心被贪婪、仇恨或欲望所驱使，难以通过简单的规劝或警告来扭转。

面对恶行，单纯的道德说教往往显得苍白无力。

有效的制止往往需要综合施策，包括法律的严惩、社会的监督等。

然而，即便如此，也不能保证所有恶者都能迷途知返，因为有些恶已经根深蒂固，成了他们生命的一部分。

因此，我们更应坚持正义与善良的立场，用智慧和勇气去揭露恶行，减少罪恶的发生。

魏忠贤专权而亡

宦官祸乱朝纲，如何处置？

明朝熹宗时期，宦官魏忠贤与熹宗的乳母客氏交好，在朝中结党营私、残害忠良，无恶不作。面对魏忠贤的嚣张气焰，朝中不少正直之士挺身而出，誓要拨乱反正，御史杨涟便是其中之一。他上书详陈魏忠贤的种种恶行，言辞恳切，直指要害。然而，这封奏疏非但没有触动皇帝的心弦，反而激怒了魏忠贤。

魏忠贤对杨涟进行了疯狂的报复。他编造罪名将杨涟打入大牢，对杨涟进行严刑拷打。杨涟遭受了非人的折磨，但始终拒绝承认那莫须有的罪名。最终，杨涟含冤被处死。

除了杨涟之外，还有许多正直之士也因上书弹劾魏忠贤遭受了不同程度的迫害。有的被贬谪边疆，有的被囚禁于牢房，更有甚者，如同杨涟一般，失去了宝贵的生命。然而，尽管他们付出了如此巨大的牺牲，魏忠贤的势力依然如日中天，继续祸害着大明王朝。

拨乱反正，恢复朝纲。

熹宗朱由校驾崩，信王朱由检即位，是为崇祯皇帝。朱由检素来熟知魏忠贤的罪恶，决定对其进行清算。他通过一系列的政治手腕与军事行动，逐步削弱了魏忠贤的势力，并最终将其及其党羽一网打尽。这一行动不仅铲除了朝廷中的毒瘤，也让朝纲得以恢复清明。

恶有恶报，邪不胜正。

魏忠贤的罪行被永远地刻在了历史的耻辱柱上。历史证明，邪恶的势力并不会因为告诫而停止作恶，但是正义的力量终将摧毁一切黑暗与邪恶，这是不可逆转的真理。

庸不纳忠。

昏庸的君主往往不会接纳逆耳忠言。

点评

忠言逆耳利于行，许多王朝的兴衰更迭都与统治者是否能纳谏紧密相关。

昏庸的君主，往往因为个人喜好或偏见，拒绝接受那些可能挽救国家于危难之中的忠言，最终导致不可挽回的后果。

这并非因为他们缺乏判断力，而是往往被自身的局限性和偏见所束缚。

昏庸的君主往往安于现状，缺乏追求卓越和变革的勇气。

因此，对于那些可能触动其安逸或挑战其既有观念的忠言，他们本能地选择排斥。

唐玄宗拒谏致乱

君主面对逆耳忠言该怎么做？

唐玄宗李隆基在位初期励精图治，开创了开元盛世。然而，随着年岁的增长，他逐渐沉迷于声色犬马之中，对朝政日渐疏忽。此时，朝中不乏忠诚之士，如张九龄等人，多次上书直谏，希望玄宗能够重振朝纲，警惕安禄山等边疆将领的野心。当时范阳节度使张守珪因为副将安禄山讨伐奚、契丹失败，捉拿他到京城，请求按照朝廷典章执行死刑。张九龄奏明唐玄宗，说："张守珪的军令一定要执行，安禄山不应该免除死罪。"唐玄宗不采纳张九龄的谏言，特赦了安禄山。张九龄又上奏说："安禄山狼子野心，面有谋反之相，请求皇上根据他的罪行杀掉他，以断绝后患。"唐玄宗让张九龄不要对安禄山有成见，误害了忠诚善良的人。于是安禄山被释放，回到藩地。

广开言路，明辨是非。

唐玄宗偏信杨国忠等奸佞之臣的谗言，对忠言置若罔闻，导致朝政的腐败和边疆的动荡。终于，安史之乱爆发，唐朝由盛转衰。

如果唐玄宗能够虚心纳谏，及时整顿朝纲，加强边疆防御，或许能够避免安史之乱的爆发。他应该像唐太宗李世民那样，广开才路，不拘一格，让有能之人得以施展才华。同时，他也应该明辨是非，远离奸佞之人，让忠臣得以安心为国效力。

帝国衰落，盛世不再。

唐玄宗因为拒绝忠言付出了沉重的代价。安史之乱不仅让唐朝失去了大片领土，还导致人口锐减，帝国元气大伤，再也无法恢复往日的辉煌。唐玄宗本人也在逃难中饱受煎熬，最终黯然退位，留下千古遗憾。

明不容奸。

真正贤明的君主决不允许奸臣佞党的存在。

点评

"奸臣误国英雄死"。

贤明的君主，深知国家的繁荣与稳定离不开对奸臣佞党的零容忍。

奸佞之徒如同暗流，一旦得势，便会腐蚀朝堂的肌体，危害社稷。

因此，明智的君主总是保持警惕，坚决清除奸佞之臣，以维护国家的清明与稳定。

雍正帝严惩年羹尧

如何防止权臣威胁皇权？

清朝雍正年间，年羹尧在西北平定叛乱后，居功自傲，不单在西北大权独揽，甚至直接参与朝政。在一些重要官员的人事任免和工作安排上，年羹尧直接就想左右雍正的决策。更过分的是，年羹尧的帅旗竟然敢用明黄色，吃饭叫"进膳"，赏给手下人东西叫"赐"，等等。

另外，年羹尧在驻扎西北边疆时，生活腐堕，贪污军饷。他买官卖官，获利超过四十万两银子。而"整顿吏治、惩治贪赃"是雍正帝即位后着力推行的改革措施之一。年羹尧的种种行为，已经对皇权构成了严重威胁。

雍正帝深知年羹尧的野心，决定采取行动，将其铲除。雍正帝先是鼓励官员们揭发年羹尧的罪行，然后命内阁下旨询问各行省将军、督抚、提督、总兵的意见，要求他们公开具题，表达对年案的态度。待时机成熟后，雍正帝正式批准将年羹尧锁拿进京，交三司问罪。而在此之前，大臣拉锡就已奉雍正帝的密令，前去逮捕年羹尧及其家属，并抄没年家家产了。

果断出手，严惩不贷。

雍正帝先是暗中收集年羹尧的罪证，包括其贪污受贿、结党营私、擅权专横等罪行。在掌握了充分证据后，雍正帝果断出手，以雷霆万钧之势将年羹尧及其党羽一网打尽。他下旨将年羹尧革职查办，并派遣钦差大臣前往西北，收缴其兵权，将其押解回京受审。

在审理过程中，雍正帝亲自过问案件进展，对年羹尧的罪行予以彻底清查。最终，年羹尧因犯下多项重罪被判处极刑，其党羽也受到了相应的惩处。

罪恶伏诛，皇权稳固。

雍正帝通过果断清除年羹尧这一权臣，不仅维护了皇权的稳固与朝廷的尊严，也向天下展示了他英明果断的领导才能，以及对罪恶之徒的零容忍态度。这一行动对于整顿吏治、树立官场廉洁之风，起到了积极的推动作用，为清朝的繁荣稳定奠定了坚实的基础。

良言易污。

美好的言辞往往容易遭到歪曲或玷污。

点评

良言如同明珠蒙尘，易被世俗玷污。

这不仅是言辞本身的悲哀，更是人性复杂的体现。

这些良言往往因为各种原因未能如其本意般被理解和接受。

良言之所以易污，一方面是因为人心的复杂多变，另一方面也因为外界环境的干扰与扭曲。

正如清澈的水滴入浑浊的河流，即使其本身纯净，也难以避免被周围的环境所影响。

在人际交往中，一句出于好意的建议或忠告，可能因为表达方式、语境的不同，或是接受者的心态、情绪等因素，而被误解为嘲讽、批评甚至挑衅。

这种误解是对双方关系的严重伤害。

因此，真正的智者不仅要有说出良言的勇气，更要有使良言被正确理解的智慧。

商鞅变法，立木为信

改革被曲解怎么办？

战国时期，秦孝公嬴渠梁即位以后，决心图强改革，便下令招贤。商鞅提出了一整套变法求新的发展策略，深得秦孝公的信任。秦孝公任商鞅为左庶长，主持变法。其中，"废井田，开阡陌"便是核心政策之一。此政策旨在打破旧有的土地制度，鼓励农民开垦荒地，增加耕地面积，从而促进农业生产，增强国家的经济实力。

然而，这项看似利国利民的改革措施，在法令公开颁布之初，便遭遇了巨大的阻力。旧贵族们——那些曾经手握井田制特权、享受着安逸生活的既得利益者，面对商鞅的改革风暴，感受到了前所未有的威胁。于是，他们联合起来，利用手中的权力和影响力，开始在民间散布谣言，称变法不可信，商鞅是魏国来的，更加不可信。

立木为信，坚持改革。

面对保守势力的围攻和舆论的误导，商鞅没有选择退缩或妥协。他深知作为一个新的改革者，就必须拿出建立公信力的策略。于是，他派人在都城南门立起一根木头，这根木头有三丈多高，他说：谁能够把这根木头搬到北门去，就赏给那个人十两金子。最开始，当地百姓不愿相信商鞅，认为把木头扛到北门毫不费力，居然可以得到十两黄金的回报，这实在让人难以相信。就在大家以为商鞅在开玩笑的时候，商鞅把奖赏提升到五十两金子。围观者更觉得其中大有古怪，可就在这时，人群有一个人半信半疑地把木头搬到北门，商鞅立即奖赏了五十两黄金。此事在全国火热地传开，老百姓议论纷纷，商鞅的诚信有目共睹，他的信誉也就这样建立起来了。于是商鞅就抓住时机，颁布了法令。

谦学

变法成功，后世典范。

　　商鞅变法取得成功，秦国实力显著增强，为统一六国奠定了基础。遗憾的是，秦孝公去世后，商鞅失去强有力的支持者，只得逃亡。最后，商鞅死于彤城（今陕西省华州区西南），尸首被车裂。但无论商鞅个人的遭遇如何，他的变法政策在秦国得以继续实行下去，并成为后世变法改革的典范。从这个角度来看，商鞅无疑是成功的，他无愧为智者。

心善易伤。

心地善良往往容易受到伤害。

点评

善良的人心地柔软，总是顾及他人的感受，因此在人际关系中往往容易受到伤害。

善良应该带点锋芒，当我们以善良之心对待他人时，应当明确自己的底线和原则，不让善良成为自己的弱点。

同时，善良需要与智慧并肩，学会辨识人心，才能避免不必要的伤害。

东郭先生与狼

如何避免施善得恶报？

有个叫东郭先生的读书人，读书读得太死，思想很僵化。有一天，他骑着毛驴，背着书袋，去中山国找官做。路上，一只受伤的狼跑过来，向他求救："先生，我被猎人追杀，他们用箭射中了我，求你把我藏进你的书袋里，我会报答你的。"虽然东郭先生知道狼是危险的，但他心软了，把狼捆起来，放进书袋。猎人追上来，问东郭先生看见狼没有，东郭先生说没看见，猎人就没再追问。狼在书袋里听到猎人走远了，就请东郭先生放它出来。没想到，狼一出来就变了脸，说："你救了我，我饿得慌，你再帮我一次，让我吃了你吧。"说完，狼就朝东郭先生扑过来。东郭先生一边空手和狼对打，一边喊着"忘恩负义"。就在这时，一个农民路过，东郭先生赶紧告诉他事情的经过，请他评理。

但狼却否认东郭先生救过它。农民说："我不信你们的话，书袋这么小，怎么装得下大狼？再装一次让我看看。"狼答应了，重新躺下让东郭先生捆起来，放进书袋。农民马上把书袋的袋口扎紧，说："这种野兽是不会改性的，你对它仁慈，真是太糊涂了。"说完，用锄头把狼打死了。东郭先生这才醒悟过来，行善要有底线，否则不单伤害自己，也会沦为坏人的帮凶。

此后，人们用东郭先生代表那些乱发同情心的人，中山狼则代表恩将仇报的人。

善良有度，智慧保真心。

东郭先生的遭遇告诉我们，善良虽好，但也要有所分寸。在面对陌生人或复杂的情况时，我们应当保持警惕，用智慧去判断与选择。同时，也要学会保护自己，不让善良成为他人伤害自己的工具。

吸取教训，行善有底限。

　　虽然东郭先生一度身陷险境，但他最终得到了农夫的救助，摆脱了困境。这次经历应该会让他有所醒悟，从此以后，在帮助他人的同时，他更加注重保护自己了。

专权者上也。

封建专制时代，独断专行往往是上级的特权。

点评

在封建专制时代，上司拥有绝对的决策权，他们独揽大权，不允许他人染指权力。

在这种权力体制下，下级只能被动地接受上司的决策，不论这些决策是否明智。

在这样的环境中，创新和进步变得异常艰难。

这种短视的行为不仅阻碍了社会的进步，还加剧了社会矛盾和冲突，时日一长，必将使局面失控，引发动乱。

时至今日，我们应当反思，权力给人的满足感只是暂时的，只有分散和平衡权力，众人团结协作，才能使集体获得更好的发展。

吕后：从权倾天下到身死族灭

大汉高后为何被灭族？

吕后是汉高祖刘邦的皇后，同时也是秦始皇统一中国后第一位临朝称制的女子，开汉代外戚专权之先河。刘邦晚年时，朝政大权渐渐由吕后掌握。为清除刘邦分封的异姓王，进一步巩固自己的势力，吕后先后设计诛杀了韩信、彭越，激起英布反叛。刘邦去世后，吕后正式临朝称制，拥立前、后两位少帝，加封吕氏外戚，大肆清洗宫中的刘姓势力，连开国功臣周勃、陈平等都不敢轻举妄动。

树大招风，莫做众矢之的。

许多功臣对吕后的专权不满，只是因为她的权势过大而不敢发作。日渐衰老的吕后也注意到了这点，但是此时的她已经无法挽回当下吕氏成为众矢之的的局面。汉高后八年（前180）七月，吕后病重，临终时，她将兵权交给两个侄子——吕禄、吕产，并告诫他们："先帝初定天下时，与诸位大臣订立盟约：'不是刘氏宗族称王的，天下共诛之！'我死后，朝中恐怕会生变，你们一定要牢牢掌握军队，守卫宫殿，不要出宫为我送葬。"

诸吕之乱，一夕族灭。

吕后去世后不久，吕氏外戚当政擅权，企图作乱自立。齐王刘襄得知消息，欲联合朝中旧臣一举铲除诸吕。于是刘襄发难于外，周勃、陈平响应于内，诸吕之乱迅速被平息，吕氏一族被尽数诛灭。这个故事告诉我们：权力或许能让人痛快一时，但滥用权力的人必将遭到反噬。在当今社会，"一言堂"的做法万不可取，群策群力才能和谐发展。

谏学

保身者下也。

明哲保身，通常是下属的表现。

点评

在权力角逐的舞台上，下属往往扮演着执行与服从的角色，其言行举止必须慎之又慎，以免沦为斗争的牺牲品。

诚然，明哲保身或许并非崇高的选择，但在某些特定的情境下，它却是避免无谓的牺牲的明智之举。

下属的智慧并不仅体现在其能力上，更在于他们如何在错综复杂的局势中巧妙地保全自身，同时又不失对上级的忠诚与原则的坚守。

萧何的自保之道

功高盖主，何以自保？

汉朝建立之初，刘邦迅速对功臣论功行赏。论及功绩，韩信无疑在征战中贡献卓越，然而，在刘邦的评定中，萧何却位居众功臣之首。刘邦曾说："我们征战天下，如同狩猎。你们武将如同追逐猎物的猎狗，固然勇猛，但更为关键的是那位在背后指挥、指明猎物所在的人。而萧何，便是那位发号施令之人。"尽管这个比喻略显不妥，但无疑确立了萧何的崇高地位。随着封赏结果揭晓，不仅萧何本人，其家族中亦有十余人大获封赏。更为特殊的是，萧何被特许"剑履上殿"。值得一提的是，"剑履上殿，入朝不趋"的特权，正是从萧何这里开始的。正因如此，后世权臣纷纷将此视为权力的标志。萧何的这份殊荣，在开国功臣中，独一无二。面对这份无上的荣耀，萧何深知树大招风的道理，稍有不慎，便可能引发皇帝的猜疑。历史上，类似的例子不胜枚举，未来也将出现更多。因此，在获得这份荣耀后，萧何非但没有骄傲自满，反而变得更加低调，以此防范未来的风波。

自污名节，以求自保。

萧何的为官之道，简而言之，即为十二字箴言："寡言务实，谨慎站位，避免结党。"甚至，为了消解刘邦的疑虑，萧何故意低价强购田地、民屋等谋利，刻意塑造出一个有瑕疵、有弱点的凡夫俗子的形象。此举旨在降低刘邦的防备心理，使他相信萧何并无更大的野心和威胁。

消除猜忌，安享晚年。

萧何的自保策略虽然看似有损名节，却非常有效。他成功地消除了刘邦的猜忌，保全了自己的性命和家族的安全。在刘邦去世后，萧何仍然得到朝廷的重用和尊重，最终得以安享晚年。这充分说明：在复杂多变的政治环境中能保全自身，智慧和忍耐缺一不可。

上下难交心矣。

上下级之间，常常难以做到毫无保留地去交流内心的想法。

点评

人生最难是相处，人心永远最难懂。

在封建专制时代，君主高居庙堂之上，掌握着生杀予夺的大权，而臣子则身处其下，既要尽忠职守，又要小心谨慎，以免触怒龙颜。

这种地位的悬殊与职责的差异，使得双方难以建立起真正的信任与默契。

君主可能因威严而难以亲近，臣子则可能因畏惧而不敢直言。

长此以往，不仅影响了朝政的清明与稳定，更可能导致国家的衰败与灭亡。

崇祯帝与袁崇焕的君臣悲剧

国家存亡之际，如何做到君臣同心？

明朝末年，崇祯帝朱由检面临着内忧外患的严峻局势。为了抵御后金（即清朝前身）的入侵，他重用了能征善战的袁崇焕。袁崇焕在辽东前线屡建奇功，有效遏制了后金的攻势。然而，随着战局的复杂化和朝中奸臣的挑拨，崇祯帝对袁崇焕产生了猜忌。

信任为先，共克时艰。

崇祯帝担心袁崇焕功高震主，甚至怀疑他与后金秘密勾结。这种无端的猜忌，使得君臣之间信任的基础产生动摇。崇祯帝多次派遣使者前往辽东，名义上是慰问，实则是在监视袁崇焕的一举一动。这种不信任的氛围让袁崇焕感到寒心，也让他在战略决策上束手束脚。

作为君主，崇祯帝应该更加明智地处理与臣子的关系，尤其在国家危难之际，他应该放下猜忌之心，给予袁崇焕充分的信任和支持，让他能够毫无顾虑地施展才华、保卫国家。同时，袁崇焕也应以更加坦诚和忠诚的态度对待崇祯帝，积极沟通、消除误会，共同为国家的命运而奋斗。

英雄末路，国破家亡。

最终，悲剧发生了，袁崇焕被诬陷通敌叛国，惨遭凌迟处死。这一事件不仅让明朝失去了一位杰出的将领和忠诚的臣子，更让本已风雨飘摇的明朝雪上加霜。不久之后，明朝便在内外交困中走向了灭亡。

　　　　　　　　　　　　　　　　　　　　　　　　　　　　　　　　谏学